TATHIANE DEÂNDHELA

FAÇA O TEMPO ENRIQUECER VOCÊ

Diretora
Rosely Boschini

Gerente Editorial
Carolina Rocha

Editora Assistente
Audrya Oliveira

Controle de Produção
Fábio Esteves

Preparação
Fernanda Mello

Projeto gráfico e Diagramação
Vanessa Lima

Revisão textual-artística
Edilson Menezes

Impressão
Gráfica Loyola

Copyright © 2020 by Tathiane Deândhela.
Todos os direitos desta edição
são reservados à Editora Gente.
Rua Wisard, 305, sala 53 – Vila Madalena
São Paulo, SP – CEP 05434-080
Telefone: (11) 3670-2500
Site: http://www.editoragente.com.br
E-mail: gente@editoragente.com.br

CARO LEITOR,
Queremos saber sua opinião sobre nossos livros.
Após a leitura, curta-nos no **facebook.com/editoragentebr**, siga-nos
no **Twitter @EditoraGente**, no **Instagram @editoragente**
e visite-nos no site **www.editoragente.com.br**.
Cadastre-se e contribua com sugestões, críticas ou elogios.
Boa leitura!

Dados Internacionais de Catálogo na Publicação (CIP)
Angélica Ilacqua CRB-8/7057

Deândhela, Tathiane
Faça o tempo enriquecer você: descubra como a inteligência financeira é capaz de fazer você ganhar mais dinheiro em menos tempo / Tathiane Deândhela. – São Paulo: Editora Gente, 2020.
224 p.

ISBN 978-85-452-0390-2

1. Sucesso 2. Sucesso nos negócios 3. Produtividade 4. Administração do tempo I. Título

20-1501 CDD 158-1

Índice para catálogo sistemático:
1. Sucesso e produtividade

DEDICATÓRIA

Dedico este livro a uma das mulheres mais guerreiras que já conheci, minha avó Angelina de Paula Ferreira! Obrigada por me permitir ser sua corretora de imóveis aos 7 anos e por me ensinar a empreender.

AGRADECIMENTOS

Nem sei se posso dizer que este livro é da autoria de Tathi Deândhela, afinal foram tantas pessoas que contribuíram para ele existir! Sem minha equipe, mentores e alunos, possivelmente ele não alcançaria essa grandeza.

É claro que preciso começar agradecendo também a meus alunos, que testaram o meu método e obtiveram resultados extraordinários! Que acreditaram em mim desde o início e se transformaram em grandes multiplicadores.

Um agradecimento especial à minha mãe Elizabeth Carvalho por tantas renúncias e que, mesmo diante de dificuldades financeiras no passado, priorizou meus estudos. Sem dúvidas todo investimento e nossa história me tornou em quem eu sou hoje.

Agradeço à minha equipe do Instituto Deândhela, que participou ativamente do processo e compreendeu minhas ausências. Obrigada por acreditar nas minhas ideias malucas e por lutar diariamente comigo por esse propósito.

Obrigada também ao consultor literário Edilson Menezes, que tem feito parte da minha história literária sempre lapidando minhas obras com excelência.

E, por fim, minha eterna gratidão ao Ricardo Shinyashiki, que me incentivou e acelerou o processo de escrita deste livro desde a primeira vez que conversamos sobre o tema.

Quero também deixar meu profundo respeito e admiração a você que dará inicio agora nesta jornada de enriquecimento. Obrigada pela confiança e por acreditar que você pode construir uma nova vida!

PREFÁCIO
POR GERALDO RUFINO

É uma alegria muito grande falar sobre a Tathiane Deândhela. Eu encontrei essa figura brilhante num evento há algum tempo e logo de cara ela me surpreendeu. Ao entrar no palco, fiquei olhando e me perguntando: o que essa menina vai fazer aí?

Então ela começou a falar alguma coisa sobre o tempo e rapidamente me captou. Sua palestra me fez perceber como a visão que apresentava tinha tudo a ver comigo. O fator tempo que a Tathi trazia ali refletia muito dos meus valores.

O tempo. Não sei quão bem você me conhece, mas perdi minha mãe muito cedo. Desde menino entendi o valor desse bem que possuímos sem qualquer garantia. Minha mãe foi e continua sendo a minha grande mentora. Ela me ensinou a ter gratidão pela nossa existência, pelo valor de cada dia e fez que eu compreendesse, ainda criança, que o tempo acaba.

Ao ouvir a Tathi, todas essas reflexões voltaram. Eu entendi claramente o que ela quis dizer com inteligência produtiva, a importância de você produzir o melhor possível nesse curto tempo que nós temos. Quando nos dedicamos a fazer alguma coisa, o aproveitamento do tempo é tudo, nossa melhor ferramenta.

Neste livro, você conhecerá os cinco Ps para obter o máximo da Inteligência Produtiva. Eu gostaria, no entanto, de subverter um pouco a ordem de como a Tathi os introduzirá. A começar por **Propósito**. Embora este P esteja dentro do método do *Faça o tempo enriquecer você*, quero colocá-lo em primeiro lugar. Propósito não é sobre de onde você vem, mas para onde vai em quanto tempo tem ou você acha que tem. Sem um propósito claro, nada vai adiantar.

A partir do propósito, você pode estabelecer o que será **Prioridade**. Precisamos defini-la para chegarmos aonde queremos. A Tathi consegue falar sobre esse fundamento como ninguém.

Em seguida, vamos para a **Personalização**, ou seja, para que as soluções funcionem para você, é preciso se identificar e ter disciplina para seguir aquilo a que se propôs. Essa virada fará você economizar tempo para obter a realização com mais velocidade.

Tudo isso, porém, só é possível com **Proteção mental**. Quando você se protege, sua capacidade produtiva é expandida. Ao se proteger mentalmente e focar o propósito que definiu para sua vida, é possível estabelecer prioridade e buscar o seu objetivo. Então, se posso lhe dar um conselho, não deixe que lixo ou pequenos obstáculos o atrapalhem. Blinde-se para que nada o incomode. Esse domínio de si mesmo tem a ver com a consciência do valor do seu tempo.

Nós vivemos num mundo pautado em resultados. O tempo todo você precisa estar pronto. Ou seja, todos os dias você precisa começar, reiniciar e se preparar. É neste ponto que a Performance se mostra tão importante. Afinal, ela tem que ser uma constante e todos os dias precisa reajustá-la. Entenda o que quero dizer: a pessoa que você foi ontem, com certeza não é a mesma hoje. Suas células mudaram, você obteve aprendizados, o tempo é outro. Se os tempos são diferentes, sua performance precisa ser alinhada, ajustada, atualizada e, principalmente, manter-se equilibrada.

E a Tathi encerra seu método trazendo luz ao valor da **Paciência**. Tudo precisa ter um tempo de maturação. Você faz o que precisa fazer e espera que o tempo cumpra sua parte e faça acontecer. Como qualquer alimento ou coisa que você prepare, plante, colha, produza, é necessário tempo para aquilo tomar forma, amadurecer. Por isso deve trabalhar a sua paciência.

Por fim, costumo dizer que, além de tudo, você precisa de um outro P: **Perseverança**. É ela a chave para que o seu tempo nesta Terra seja concluido da melhor maneira possível.

Comecei este prefácio com as lições que minha mãe me ensinou sobre o tempo e do mesmo modo gostaria de terminá-lo: **nunca se esqueça que o tempo acaba**. Só se morre uma vez. E, se não foi hoje, significa que você tem um tempo precioso e deve aproveitá-lo da melhor maneira possível.

Quanto tempo você acha que ainda tem?

Leia cada linha e cada parágrafo com muita atenção. Você com certeza sairá na outra ponta deste livro tendo experimentado uma revolução nos seus valores. Quando sair deste livro, espero que esteja preparado para tirar proveito do que tem de mais raro e caro.

Você vale muito. Aprenda com cada linha desta obra de arte que estende e fortalece os nossos valores.

Ótima leitura e que o nosso tempo dure muito!

Geraldo Rufino

SUMÁRIO

INTRODUÇÃO Transformando seu tempo em dinheiro............11

CAPÍTULO 1 O que é a inteligência produtiva e como aplicar a nova produtividade...................21

CAPÍTULO 2 O jogo da vida em favor de uma existência próspera...43

CAPÍTULO 3 Conheça e prenda os ladrões do tempo, que não podem ficar impunes.....................49

CAPÍTULO 4 Como adequar técnicas às necessidades individuais..71

CAPÍTULO 5 O Mapa da Realização e os cinco Ps da produtividade..................................89

CAPÍTULO 6 Como aprender a priorizar sonhos e propósitos..97

CAPÍTULO 7 Personalização: os quatro perfis da produtividade..127

CAPÍTULO 8 Blindagem mental, o recurso que faz a diferença.............................151

CAPÍTULO 9 O poder da alta performance............................189

REFLEXÕES FINAIS Hora de arregaçar as mangas e se encontrar com a máxima produtividade.................219

TRANSFORMANDO SEU TEMPO EM DINHEIRO

Você já passou por isso?:
1. Tem tanto a ver, fazer, decidir e mudar que não sabe nem por onde começar;
2. Parece que está sempre sem tempo para dar o melhor de si no trabalho ou fazer o que gosta no âmbito pessoal;
3. Esforça-se muito em todas as áreas, mas não vê resultados efetivos em nenhuma delas ao final do dia;
4. Sente que diariamente assume uma guerra contra o relógio, sem jamais celebrar vitórias;
5. Precisa de dois ou mais empregos para se sustentar, enquanto observa pessoas que trabalham quatro horas diárias ganharem quatro vezes mais;
6. No fundo, bem no fundo, sabe que desperdiça um tempo irrecuperável com os ladrões do tempo que roubam a excelência da performance, sobretudo as mídias sociais e as futilidades facilitadas pela tecnologia;
7. Nunca tem tempo para zelar pela saúde e dar atenção ao bem maior: a vida;
8. Não se diverte e alega que, se tivesse tempo para isso, faria coisas mais úteis;
9. Chega em casa sem pique para brincar com os filhos e sem paciência com a pessoa amada, até perceber que não tem dedicado tempo algum para a família;

10. Jamais tem tempo e dinheiro para investir em educação, conhecimento acadêmico, cursos, treinamentos, cultura e viagens.

Essas são apenas algumas das chamadas "dores da produtividade". Não sei se você já reparou, mas às vezes nos deparamos com pessoas que estudaram na mesma escola, eram vizinhas, fizeram até aulas de inglês juntas, mas acabaram traçando caminhos totalmente diferentes. Aparentemente, tiveram as mesmas oportunidades, mas enquanto uma recebe uma remuneração mensal de R$ 50 mil, a outra se aperta com um salário mínimo, trabalhando duro e sem conseguir pagar as contas.

É uma realidade em diversas ocupações e regiões. Temos médicos que ganham pouco e colegas que obtêm uma renda dez vezes maior; *personal trainers* que cobram cinco vezes mais que o valor de mercado e têm fila de espera; dentistas mais caros que lotam consultórios no mesmo mercado em que outros, bem mais baratos, não encontram pacientes.

Após muitos anos de dedicação, pesquisas aprofundadas e estudos diversos sobre esse fenômeno desigual, descobri o segredo. Em vez de guardá-lo comigo a sete chaves, como se fazia no tempo em que tesouros e grandes segredos eram enterrados, decidi revelar a descoberta por dois motivos: 1) para que os leitores tenham maiores chances de prosperidade; 2) para fazer jus à expressão do século XXI: compartilhar.

Pesquisando, trabalhando duro e fazendo aquilo que Darwin ensinou – o método observacional –, comecei a entender a diferença entre as pessoas que trabalham menos e têm resultados admiráveis e aquelas que trabalham muito e não chegam a resultado algum.

O elemento-chave é a **produtividade**, palavrinha tão cobiçada, principalmente por quem alega não ter tempo para nada. Ser produtivo significa não só alcançar bons resultados mas também ter prosperidade e abundância.

E produtividade representa liberdade – seja para definir os rumos da sua vida, seja para tirar férias em qualquer época do ano ou ainda, negociar o melhor para você. Foi somente quando descobri isso que saí de um salário de R$ 500,00 para um de R$ 50 mil. Não, você não leu errado. Ao adotar a produtividade como aliada, pude dar uma guinada na minha vida.

Foi o que me instigou a falar e defender que tempo é mais valioso do que dinheiro – e a querer levar essa mensagem adiante, para o maior número possível de pessoas. Afinal, não há como ser rico sem ser produtivo.

Com o desejo de inspirar, vou começar contando como passei de vendedora em uma faculdade a diretora nacional, responsável pelas áreas comercial e marketing.

Sim, saiba que, em grande parte, devo isso à produtividade. Minha primeira experiência com ela veio ainda na infância, aos 7 anos. Na época, eu morava em uma espécie de puxadinho construido no terreno da casa de meu avô. Lá, convivia com os meus tios e vários parentes – costumo brincar que morava em uma aldeia. E nessa aldeia vivia Murilo, um primo muito próximo.

Aqui entra a história mencionada no início desta introdução. A gente frequentava a mesma escola, passava a maior parte do tempo junto e, apesar de eu estudar bem mais que Murilo, quando chegava o boletim escolar, minhas notas eram sempre menores.

Eu me perguntava o que estava acontecendo, o que eu fazia de errado. Até que fui tirar satisfação com Murilo, que me revelou o grande segredo da produtividade. Ele me disse: "Tathi, é muito simples. Eu presto atenção na aula".

Como poderia ser somente isso? Eu também fazia o mesmo, prestava atenção em tudo – ou ao menos era o que acreditava. Meu primo me mostrou que não.

Eu adorava passar bilhetinhos para meus colegas e viajava em meus pensamentos, instigada com qualquer coisa que o professor dissesse.

Nunca permanecia focada. Depois dessa conversa com Murilo, resolvi mudar. No dia seguinte, cheguei à sala de aula superdeterminada.

Agora que sei a técnica, é só prestar atenção, pensava.

Olhava fixamente para o quadro e, sem nem piscar, repetia para mim: *Não posso me distrair, não posso me distrair, não posso me distrair.* E, quanto mais pensava, mais me distraía.

Foi assim que entendi, na prática, aquele estudo da programação neurolinguística (PNL) que diz que a palavra "não" inexiste em nosso cérebro. Por exemplo, quando falamos "Não pense em um elefante rosa", a imagem de um elefante rosa logo surge em nossa mente.

Essa é uma lição da produtividade, porque, em vez de focarmos o que **não** queremos, temos que focar o que **queremos**.

A explicação é bem simples. A gente atrai o que foca. Quanto mais eu pensava "Não posso me distrair", mais me distraía.

O foco estava no lugar errado.

Mas o fato é que, a partir daí, precisei criar meu próprio método: escrever os principais tópicos do que era ensinado. Foi a maneira que encontrei de ficar focada e foi quando aprendi também como funciona a matemática da produtividade: *Produtividade = - energia + resultados.*

Ser produtivo é gastar menos energia e ter mais resultados.

Sim, porque ser produtivo não significa trabalhar mais, mas trabalhar de maneira inteligente e estratégica.

A descoberta fez tanto sentido para mim que há dois anos tenho uma coluna semanal sobre o tema na rádio CBN. O quadro "Inteligência Produtiva" surgiu justamente para que eu pudesse ajudar quem está se matando de trabalhar a entender que não é sobre muito trabalho, mas sobre trabalho eficiente.

Em geral, temos tanto a fazer que o tempo parece escorrer pelas mãos, encurtando-se a cada batida do relógio. Ao contrário do que alguns pensam, ele é o recurso mais valioso e democrático que possuímos.

O que nos falta é capacidade para lidar com ele, gerir tarefas e conquistar grandes resultados.

A gestão do tempo deveria ser aprendida ainda na infância, justamente na sala de aula, para que os adultos em formação se tornassem mais produtivos e realizados.

Mas nem tudo está perdido! A boa notícia é que, mesmo fora da escola, ainda é possível recuperar o tempo gasto! Ainda dá para aprender a sonhar, a estabelecer as prioridades, a se organizar, a vencer a procrastinação, a montar uma agenda eficaz na qual caibam todos os seus compromissos.

Mais que isso: com direcionamento, a mente é como um barco. Você pode ajustá-la para a rota da prosperidade, vencer medos, construir a alta performance e tornar o tempo seu maior aliado, em vez de um inimigo a combater em uma guerra sangrenta. Utilizando as ferramentas corretas, você consegue ter mais tempo e, consequentemente, mais dinheiro, felicidade e saúde. E o melhor: existem maneiras eficazes e prazerosas para alcançar esse cobiçado futuro.

É isto o que pretendo fazer ao longo das próximas páginas: ajudar você a ser mais produtivo e a aumentar seus ganhos financeiros, para que se torne alguém pronto para desfrutar o melhor que a vida tem a oferecer.

Meu objetivo é que o tempo enriqueça você, assim como aconteceu comigo.

Neste livro, você vai conhecer a nova produtividade, que é bem diferente daquela que o mundo conheceu na época da Revolução Industrial, pois não se trata apenas de ser rápido. A nova produtividade é uma metodologia desenvolvida por mim, após anos de estudo e prática, que alia as cinco áreas nas quais devemos focar para atingir nossos objetivos: **prioridade**, **personalização**, **proteção mental**, **performance** e **paciência**.

São cinco Ps que, juntos, vão transformar sua realidade e servir como um guia para que você chegue aonde sempre sonhou. Assim que você adotar e praticar a metodologia, o barco da sua vida nunca mais seguirá sem bússola. Agora, será possível saber aonde e como chegar ao porto seguro.

Ao longo do percurso, prometo que as questões fundamentais para conciliar seu tempo e seu dinheiro serão abordadas com toda a atenção, sempre com o propósito de ajudar você a:

- Descobrir o seu propósito de vida;
- Acabar com os ladrões que estão roubando seu tempo sem que você perceba;
- Se conhecer mais a fundo, encontrando o que funciona ou não para o seu perfil, para a sua personalidade.

Como o caminho para a prosperidade também tem estradas sinuosas e escuras, meu objetivo é iluminá-lo para que você seja único e se torne um profissional ainda mais requisitado e bem-sucedido.

Você vai inteirar-se de novas técnicas e metodologias, capazes de garantir tudo o que estamos falando. Vai conhecer, por exemplo, o *Time Model Canvas*, um instrumento de planejamento simples e eficiente para **desengavetar seus planos** e converter ideias em **projetos lucrativos**. Gosto de chamá-lo de *ferramenta da aceleração*, pois é isso que o Canvas pode fazer por sua vida ao organizar as metas e o passo a passo para tirá-las do papel e da fantasia, até que sejam realidade.

Você também vai se familiarizar com o Foco nos Pensamentos que Impulsionam (FPI), um método para treinar a mente e aprender a focar o que realmente importa: seu crescimento. Ao acreditar em si e dominar os sentimentos ruins, dominar aquilo que só faz podar a performance e puxar para baixo, você vai se tornar nada menos que imparável. Assim, com a mentalidade correta, tal qual a dos milionários, não haverá nada que aprisione suas ideias, ninguém que atrapalhe seus planos.

Ao combinar todos esses aspectos dos cinco Ps da produtividade, você se tornará realmente produtivo e conseguirá multiplicar os ganhos financeiros – por duas, cinco, dez vezes ou, quem sabe, até mais.

O tempo pode até ser um recurso escasso em nossa vida, mas produzindo melhor e fazendo as horas valerem, ganhamos mais dinheiro, alcançamos maior lucro e temos mais resultados financeiros, além de um ganho nas áreas qualidade de vida, saúde, disposição, relacionamento, espiritualidade e lazer.

Chega de interpretar o tempo como inimigo a ser combatido. O tempo é nosso maior patrimônio. Basta vê-lo, gerenciá-lo e tê-lo como amigo, além de saber usá-lo de forma inteligente e estratégica, colocando um ponto-final no desperdício de oportunidades. Se você ainda não sabe como fazer isso, venha comigo nesta jornada.

Serei como uma guia, uma espécie de navegadora da viagem, pegando em sua mão, para que você vá ainda mais longe.

A solução, eu ofereço. O limite, é você quem impõe.

Então vamos transformar seu tempo em dinheiro? Boa leitura!

O QUE É A INTELIGÊNCIA PRODUTIVA E COMO APLICAR A NOVA PRODUTIVIDADE

Vamos começar por uma informação importante e alarmante que, inclusive, me motiva a trabalhar ainda mais em favor das pessoas que desejam usar o tempo para ter uma vida melhor.

Você sabia que 96% das pessoas não conseguem realizar seus sonhos e viver uma vida de realizações?

Os dados são de uma pesquisa que ainda não foi divulgada ao público, realizada pelo Instituto Deândhela com seus alunos e sua audiência nas redes sociais e mostram a existência do que eu chamo de "epidemia da reatividade", um fenômeno que impede as pessoas de fazer o que precisa ser feito, além de minar as energias e a disposição.

Esse mal resulta em um esforço hercúleo para conseguir o que se deseja e gera a sensação de enxugar gelo, sem contar a enorme quantidade de pessoas que desistem de seus sonhos, colecionando frustrações, com a sensação de impotência, de estar no fundo do poço sem ver a luz no alto.

Será que você está enfrentando semelhante problema? Antes de mais nada, é preciso diagnosticar, saber se esse é o seu caso ou se você pode ajudar alguém que ama e está passando por isso. Algumas perguntas podem ajudar, desde que as respostas sejam sinceras, pois não existe nada mais nocivo do que mentir para si.

- ⚙ Falta ânimo para completar as tarefas do dia a dia?
- ⚙ Tem tudo planejado, mas acaba perdendo o foco?

- ✱ Está sempre na correria, deixando tudo para a última hora?
- ✱ Sente falta de energia e disposição para realizar o que gostaria?
- ✱ A ansiedade e o estresse estão presentes no dia a dia?
- ✱ Carrega a sensação de ter tanto a fazer, sem a menor ideia de como ou por onde começar?
- ✱ Tem deixado para amanhã as decisões importantes?

Caso a resposta "sim" tenha se repetido pelo menos quatro vezes, você realmente precisa de um plano de ação urgente. E se marcou menos que isso, significa que não está em estado de calamidade, mas sempre há o que melhorar.

Caso tenha se identificado com muitas dessas perguntas, sinto muito, mas você foi afetado pela epidemia da reatividade. No entanto, não precisa se desesperar. Primeiro porque ela tem cura. E, segundo, porque você não sabia da existência dela, como o peixe não sabe da existência da água até saltar fora dela.

Além disso, ninguém está sozinho. Existe uma onda de reatividade que se espalha pela sociedade em várias facetas, na maneira como vivemos, como criamos nossos filhos e como treinamos nossos trabalhadores.

Tudo começa lá na base. Apesar de vivermos a era pós-digital, a principal entidade que molda a maneira como pensamos e agimos, a escola, continua alicerçada na era industrial.

Não é difícil perceber a semelhança das escolas com as fábricas – em ambas, todos precisam estar uniformizados, enfileirados, e se guiam por sinais sonoros. É um processo totalmente operacional, que dispensa a necessidade de pensar, mas prevê obedecer e agir de acordo com o esperado.

Com toda a revolução tecnológica em meio à qual vivemos, o que mudou em nossos colégios? Até que ponto os órgãos de ensino conseguiram acompanhar a velocidade da informação que conecta o mundo inteiro em tempo real?

Você deve se lembrar que, na nossa infância ou adolescência, as coisas eram bem diferentes. Em 2000, por exemplo, não tínhamos o consumo excessivo de computadores ou celulares. Ao tirar uma foto, precisávamos revelar o filme. Não tínhamos Uber, Netflix, Airbnb.

Tudo mudou, inclusive o comportamento das pessoas. Antigamente, as crianças brincavam de amarelinha; hoje em dia, ficam vidradas no celular. Diante de tudo isso, o que se modificou nas escolas? O quadro-negro foi trocado pelo branco, substituindo-se apenas o giz?

Tal qual ocorre nas indústrias, o que ainda acontece no ambiente estudantil é uma linha de produção. Entramos lá como indivíduos únicos e criativos e saímos podados e preparados apenas para seguir ordens. Somos intelectualmente castrados, treinados para esperar que algo aconteça e, aí sim, reagir.

O pensamento industrial é o grande vilão. Faz com que o ser humano tenha uma vida bem diferente da que sonhava quando criança.

Na escola, esperávamos a ordem e o conhecimento prontos, por meio do professor. Não podíamos sequer discordar de algo, pois seria desrespeitoso. No trabalho, aguardamos a ordem do chefe e os ensinamentos dos mais experientes. Quem questiona pode ser visto como insubordinado.

Isso nos afeta de uma maneira que nem imaginamos. Quando fui para a Universidade Harvard pela primeira vez, pensei que chegaria lá e ouviria os mestres falando coisas que nunca tinha imaginado na vida. No entanto, me assustei com o que encontrei: eles falavam pouco, traziam problemas e desafios, colocavam a bomba no colo dos alunos e liberavam a turma para discutir as possíveis soluções. Participávamos mais, o processo era ativo e não recebíamos essa sabedoria vinda de cima. Ao contrário, o plano de ensino era horizontal. Tínhamos de raciocinar – e muito.

No final, o professor não dizia quem estava certo ou errado, mas apresentava opções que poderiam ser satisfatórias para as questões levantadas.

Em Harvard, mais importante do que oferecer respostas para tudo é conduzir os alunos a um processo de protagonismo, liberando cada um para pensar, solucionar e criar.

Depois fui vendo que a fórmula não se restringia a Harvard. As melhores universidades do mundo também trabalham assim. Percebi que era comum mostrar diversos caminhos que geram resultados, mas que precisamos raciocinar para acessá-los.

O problema é que, em 90% das escolas e universidades, ensina-se o oposto disso. Somos educados a esperar para reagir, ou seja, ser reativos. Daí a epidemia da reatividade.

Se você está vivendo assim, saiba que há saída. É possível mudar sua realidade a partir da inteligência produtiva, metodologia capaz de transformar o ser humano em alguém com mais energia, saúde e coragem para alcançar sonhos e, consequentemente, a realização pessoal e profissional. Não importa se você já tentou antes e não teve resultado, ou se acredita que não é capaz, pois todo mundo é capaz, inteligente e lutador.

O sucesso, portanto, não depende de quem você é, de onde vem, o que faz ou quanto ganha. Afinal, a inteligência produtiva é um método que atua no sistema de recompensas do cérebro, liberando neurotransmissores do prazer à medida que se aplica o passo a passo. Esse sistema está pronto para ser acessado por meio de estratégias simples e extremamente efetivas.

Sabe por que acredito tanto nessa técnica?

Congruência é a resposta. Ou seja, o que estou oferecendo não é uma teoria, mas sim o fruto de uma solução prática que testei em mim e da qual obtive um grande resultado. Nem sempre fui uma pessoa produtiva; não me sentia realizada como me sinto hoje. Nem sempre conseguia dar conta de todas as tarefas do dia, tampouco tinha disposição para realizar o que era importante. Entretanto, desde criança sonhava em ser uma pessoa bem-sucedida. Para mim, sucesso sempre

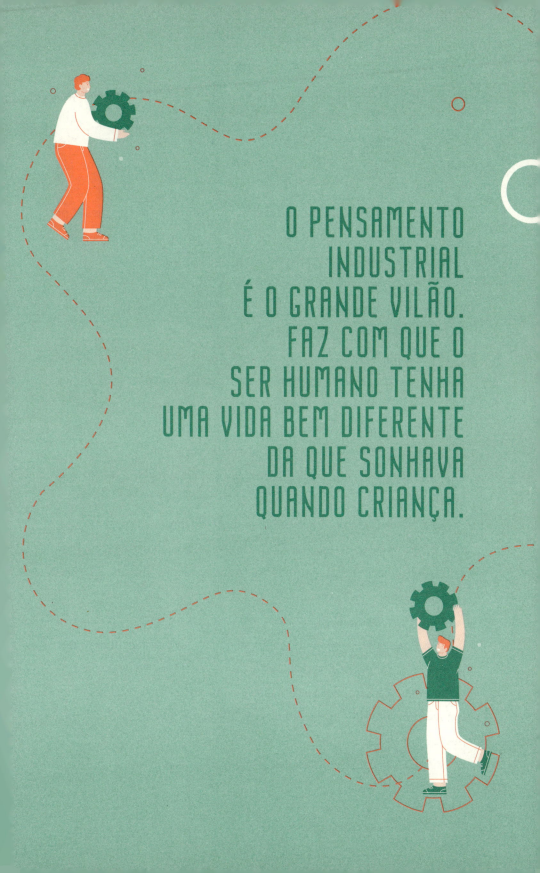

esteve associado à felicidade. Mas estou longe de ser uma exceção. Quem não deseja ser feliz?

Como acontece com a maioria das pessoas, um dia também fui afetada pela epidemia da reatividade. Por isso, posso falar com firmeza: é possível virar o jogo!

No caminho imposto pela sociedade, a "rota reta" prevê passar no vestibular, terminar a faculdade, arrumar um emprego, crescer na empresa, casar, comprar um carro, ter filhos, se aposentar e descansar.

A cobrança é grande e parece que não acaba nunca. Com o tempo, já não somos mais capazes de separar o que é o nosso objetivo do que é do outro – e é aí que somos infectados.

Para piorar, ficamos destreinados, com preguiça de pensar, aguardando soluções tão rápidas e fáceis quanto macarrão instantâneo. O resultado não poderia ser diferente: surgem os desafios da vida, buscamos fórmulas prontas e, quando não encontramos, ficamos perdidos e paralisados.

Talvez a pior consequência de percorrer essa trilha seja descobrir que, mesmo parecendo um sucesso para os demais, a pessoa pode se sentir um fracasso porque não é feliz.

Todo ser humano merece uma perspectiva completa, interna e externa, segundo a qual seja visto como feliz e de fato sinta-se assim. Para isso, quero compartilhar algumas lições que aprendi sobre produtividade e felicidade.

A primeira delas é que as conquistas precisam estar alinhadas ao que você quer para a sua vida, e não ao que terceiros desejam. Por que tantas pessoas fazem algo pelo outro, para a felicidade do outro e, ainda que ganhem muito dinheiro com isso, ficam infelizes? Porque entender o que é importante para si e buscar a felicidade genuína é o primeiro passo para ajudar, de fato, outras pessoas.

Muita gente está perdida sobre o que quer, pois não foi estimulada a pensar nisso antes.

Então, a segunda lição é que, diante da escolha entre ter dinheiro e ter tempo, fique com ambos. Essa é a mentalidade de abundância que precisamos desenvolver. Existem ditados do senso popular que nos distanciam de nossos objetivos. Por exemplo: "Ninguém pode ter tudo!".

Quem inventou essa falácia? Então quer dizer que uma pessoa ou tem muito tempo ou tem muito dinheiro? Quer dizer que quem está feliz em um relacionamento não pode estar feliz do ponto de vista profissional e vice-versa?

Isso é a maior bobagem em que alguém poderia acreditar. Conheço várias pessoas bem-sucedidas nos vários papéis da vida. Vamos fazer um exercício rápido aqui comigo? Liste os vários papéis que você tem ou pretende ter.

Escreva os seus de acordo com sua realidade, mas eis alguns exemplos para inspirar você:

- Pai ou mãe;
- Filho(a);
- Cônjuge;
- Empresário(a) ou funcionário(a);
- Palestrante;
- Melhor amigo(a);
- Líder;
- Praticante de hobby;
- Estudante;
- Atleta.

Para cada um desses papéis, você precisa dedicar tempo e ter um objetivo. Então, faça um plano de ação sobre o que deseja para cada uma dessas áreas e comece a agir nesse sentido, como protagonista da sua história. E, sim, pode-se ter tudo porque isso não significa estar livre de algumas decepções que fazem parte da vida. Não significa ter 24 horas de alegria intensa porque isso é utopia. Por outro lado, significa que você é grato pelas conquistas obtidas, que estabeleceu objetivos e tem, pouco a pouco, alcançado tudo o que planejou.

Em termos de realização, percebi que há quatro tipos de pessoa: as desmotivadas, que não possuem dinheiro, apesar de ter tempo; as frustradas, que não têm tempo nem dinheiro; as estressadas, que conseguiram dinheiro, mas não têm tempo; e as realizadas, que têm mais tempo, dinheiro e saúde.

Veja a matriz da realização e localize onde você está:

Ao avaliar os quadrantes, podemos entender com clareza em que ponto é preciso atuar para mudar de vida. Por exemplo, se você está desmotivado, existem ações que podem mudar o seu estado emocional. Se está frustrado, provavelmente vem sentindo algo que suga toda sua energia e não tem forças para sair do fundo do poço. Mas continue a leitura porque vêm por aí estratégias eficazes para sair desse círculo vicioso.

Agora, o quadrante dos estressados é um dos mais perigosos que existe, pois as pessoas que estão nele têm resultados, o que as faz pensar que assumiram o caminho certo. Mas algumas perguntas são a pulga atrás da orelha desses estressados:

Qual é o custo disso?

Até quando vai continuar sacrificando a vida pessoal e a família para ter esses resultados?

É sustentável o que tem enfrentado?

Como anda a saúde?

Certa vez, um aluno comentou que tinha se tornado um executivo bem-sucedido, com um carro de luxo, a casa dos sonhos, viajava ao exterior frequentemente, mas estava em terapia, tratando o alto índice de estresse. Seu casamento tinha chegado ao fim e o aluno sentia um vazio terrível.

Conversamos sobre a diferença entre estresse e cansaço. Pessoas cansadas só precisam de férias, um período de feriado prolongado ou uma noite de sono mais longa para descansar e renovar as energias.

No entanto, para as pessoas estressadas, sono ou férias não bastam porque a raiz do problema não está na falta de descanso, mas no propósito pelo qual trabalham.

Conheço pessoas que trabalham pouco, mas ainda são estressadas porque não conseguiram perceber o valor do que estão fazendo ou atuam em áreas que não têm tanto a ver com os seus talentos e pontos fortes.

É por isso que defendo tanto a importância de seguirmos uma metodologia de produtividade personalizada. Você vai entender isso mais à frente.

Perceba que não é sobre trabalhar muito para ter resultados, mas é sobre trabalhar de maneira estratégica e inteligente para ter mais resultados, gastando menos energia.

Eu passei por todos esses quadrantes e sei o que é viver cada um deles, pois algumas fases da vida possibilitam esse trânsito, gerando várias lições.

É importante não aceitar permanecer em quadrantes que não trazem felicidade. Quando comecei a estudar produtividade, estava exatamente no quadrante do estressado.

Para que você entenda melhor, vou compartilhar um pouco da minha história. Há de ficar evidente que estou partilhando uma solução prática, que apliquei em mim e só após celebrar grandes resultados levei a outras pessoas.

A reatividade custou minha saúde. Surgiu uma gastrite, em seguida crises de ansiedade, estresse, distúrbios no maxilar e, para piorar, um enorme sentimento de frustração. Aos 23 anos, mesmo depois de um curso superior e um MBA, eu recebia um salário de R$ 500,00 e mal conseguia pagar minhas contas.

Já tinha tentado de tudo: vendedora, profissional liberal, recepcionista em eventos, mas nada dava certo.

Seguir o script da reatividade instalado na minha mente não estava funcionando e eu estava cada vez mais infeliz, bem distante do que sonhava. Os resultados não vinham e, como me esforçava muito, eu não entendia o motivo.

Em minhas palestras, as pessoas ficam surpresas quando comento que comecei a trabalhar na faculdade vendendo cursos de pós-graduação e recebendo R$ 500,00 por mês. Na época, minha mãe estava desempregada e eu precisava ajudar em casa financeiramente. Mas, com essa renda, não dava para fazer muita coisa. Ficamos devendo no banco e a energia era sugada, resultando em desespero e decepções constantes.

Até que, um dia, recebi a visita de um tio que admiro muito. Sabe aquele tio admirado por toda a família, do qual os parentes falam de boca cheia e todo mundo tem orgulho? Imagino que você também tenha alguém assim, que inspira pelas muitas realizações e histórias a contar. Esse é o meu tio.

Entre tantos assuntos incríveis, ele me falou sobre querer evoluir, não aceitar viver uma vida medíocre. E me lembrou que, se você não estiver crescendo, então está morrendo. Não há um meio-termo. Eu nem sequer sabia, mas aquele momento e aquelas palavras mudariam para sempre a minha trajetória.

Após horas de conversa, ele concluiu com imensa sabedoria: "Tathi, determinei que a minha missão de vida é ser um divisor de águas por onde eu passar!".

Nessa hora, fiquei sem fôlego. Após uns minutos em silêncio, olhando para ele, eu pensei: *É isso!*

Não sei se pela admiração que tenho por ele ou pela profundidade do que disse, mas imediatamente adotei uma máxima para mim: *Quero ser uma divisora de águas por onde eu passar!*

Acontece que eu ainda não tinha as estratégias certas para isso. Pensava que, para ser uma divisora de águas, seria preciso me ocupar 24 horas por dia. Como fazia parte do time de vendas de uma faculdade e desejava resultados, comecei a trabalhar quinze horas diárias, de segunda a segunda. Era comum ficar na empresa até altas horas da madrugada e ainda levar trabalho para casa. Em resumo, eu me surpreendia resolvendo tudo, minhas pendências e as dos outros.

Como queria muito ter sucesso profissional e ganhar dinheiro, acabava deixando de lado todo o restante: família, saúde, amigos, lazer. Além disso, eu não saía do lugar.

Apesar de ser a que mais trabalhava, no fim do mês continuava distante do pódio, nas últimas posições no ranking de vendas. Dezenas de vezes repeti a pergunta que não queria calar: *Onde será que estou errando?*

Já havia mudado minha postura, me tornado proativa, mas parecia que a vida só piorava. Então comecei a me questionar. *Será que as pessoas bem-sucedidas não teriam apenas sorte?* Porque eu me esforçava tanto e não via resultados. Cogitei desistir, pensei que era incapaz, não estava disposta a mais nada e, aos poucos, as forças iam acabando. Carregava comigo a sensação de nadar contra a maré.

Revoltada por não alcançar o resultado desejado, entrei em uma onda de vitimismo. O primeiro passo foi procurar culpados. Tentava justificar a falta de resultado: uns vendedores eram mais antigos de casa, alguns tinham uma carteira de clientes melhor, outros cuidavam de um produto mais fácil de vender que o meu. Cheguei até a pensar que um ou outro vendedor conseguia resultados por ser parente do dono. Enfim, tinha um conveniente argumento pronto para cada situação e comecei a procurar defeito em quem se destacava.

Felizmente, passei a pensar com mais atenção sobre o propósito que outrora tinha adotado. Acabei por concluir que quem pretende ser o divisor de águas por onde passar não deve achar defeitos em quem tem resultados. Em vez disso, deve aprender com quem está no pódio.

Hoje, sempre digo aos meus alunos que existem dois tipos de pessoa: as que têm resultados e as que falam mal dos que têm resultado. E concluo com uma pergunta que precisa ser feita: **De que lado você quer estar?**

Quando comecei esse movimento de sair do vitimismo em direção ao protagonismo, tudo começou a mudar. Tive a ideia de começar a trabalhar menos e estudar mais, pois fazer setenta ligações por dia não me entregava o resultado que desejava. Então, minha busca era sobre como ser mais assertiva e eficaz em cada ligação.

Comecei a mergulhar em tantos cursos quanto pude, li milhares de livros. Mas uma ação fez toda a diferença: planejei estudar coisas relacionadas ao que precisava naquele momento. Se eu queria vender mais, estudava tudo sobre vendas, comunicação, negociação e oratória.

Desde então, essa estratégia permitiu perceber que muitos vendedores são talentosos e têm boa desenvoltura nas vendas, porém seus resultados se limitam pela falta de planejamento, agenda e rotina. Isso me levou a um profundo mergulho rumo ao tesouro da produtividade. No Brasil e no exterior, busquei todo o conhecimento possível, até me tornar especialista no tema.

Desde aquela época, a transformação comportamental fez a diferença. Passei a estudar as melhores estratégias das pessoas e empresas mais bem-sucedidas e realizadas do mundo. Trabalhava o dia inteiro e, quando chegava em casa, ia estudar. Renunciei por várias vezes os prazeres imediatos para ler e me aprimorar. Sabia que tinha um sonho e que, caso não saísse da zona de conforto, do ciclo negativo que só me levaria ao desânimo e ao medo, me afundaria cada vez mais.

Firmei um compromisso comigo de não deixar que isso acontecesse. Era uma escolha minha: poderia continuar agindo como uma fracassada, sempre em último lugar no ranking de vendas, ou poderia mudar de vida. E me perdoe se a expressão "fracasso" agride a delicadeza da narrativa por ser muito pesada, mas às vezes não adianta inventar palavras para esconder problemas.

Eu estudava inclusive nos fins de semana. No curto espaço de um ano, investi em 36 capacitações.

Ouvi de algumas pessoas que estava ficando viciada em conteúdo, mas o que me importava era buscar conhecimento e aplicá-lo, transformando teoria em prática. Você acha que isso não funcionaria pra quem é funcionário? Funcionou pra mim, quando eu ainda trabalhava por um salário fixo. Depois que passei a inovar, trabalhando de um jeito diferente, tudo mudou.

Os esforços valeram tanto a pena que tive a oportunidade de realizar um grande sonho: estudar em Harvard, nos Estados Unidos. E, apesar de ter melhorado um pouco minhas condições financeiras, ainda assim o curso era caro para a minha realidade daquele tempo. Porém, estava com outra mentalidade. Criei maneiras de realizá-lo: fiz um consórcio no meu círculo de amizades e, com ele, paguei a entrada das aulas, parcelando o restante. Enfim, conseguiria aquilo que eu tanto desejava: estudar fora do Brasil, beber do conhecimento mundo afora.

Não parei mais e fiz cursos no Massachusetts Institute of Technology (MIT), nas universidades de Atlanta e de Ohio, além de diversos centros de renome mundial. E sabe o que percebi nesses estudos? Todos os milionários têm algo em comum: a eficácia.

Pense bem: o tempo é o mesmo para todos nós, inclusive para o magnata da tecnologia Bill Gates, o empresário Abilio Diniz e o investidor Warren Buffett. O que, então, diferencia as pessoas que realizam mil coisas dos reles mortais? Pois eu digo: a capacidade de gerar o máximo de resultado no menor intervalo de tempo possível, gastando menos energia. Isso é o que chamamos de produtividade.

O insight me levou a aplicar diversas estratégias para ser produtiva. Algumas funcionaram, outras nem tanto. E isso se deu porque existem dois tipos de produtividade. Aquela que conhecemos no passado, que eu chamo de antiga produtividade, só gera mais trabalho, maior dor de cabeça e drena energia, levando a pessoa a desistir por acreditar que as técnicas só funcionam para alguns. Já a nova produtividade – para a qual você deve abrir os olhos – pode proporcionar um nível de realização nunca imaginado, garantindo mais disposição para os desafios do dia a dia.

Passei a ter resultado quando apliquei a nova produtividade. Já não trabalhava mais quinze horas por dia porque finalmente tinha saído daquele quadrante de frustração – onde estão as pessoas que não têm tempo nem dinheiro.

Agora eu ganhava mais, realizava sonhos e tinha crescido dentro da empresa. Progredi tanto que logo fui promovida a gerente comercial. A promoção foi uma grande surpresa, pois na faculdade onde trabalhava havia funcionários mais antigos, bem esforçados, que inclusive me treinaram. No entanto, eu havia sido a escolhida.

Isso só foi possível porque eu estava aplicando a produtividade como diferencial. E o melhor é que essa conquista foi só o começo e provocou um pensamento: *Será que o meu crescimento tinha sido questão de sorte ou todas as ferramentas funcionavam mesmo?*

Como se fosse um ambiente de laboratório, iniciamos a aplicação de um passo a passo e... triplicamos nossos resultados. No jantar de fim de ano, para comemorar essas realizações, o dono da faculdade me chamou e disse que eu seria não mais a gerente comercial, mas a gerente nacional do negócio, com a missão de aplicar tudo o que eu estava fazendo ali nas 27 unidades onde estávamos presentes.

Era o sucesso consumado: promovida pela segunda vez em menos de um ano, poderia realizar um grande desejo, que nutria desde a infância: viajar.

Viajaria por todos os estados, aplicando nossa metodologia. De tão feliz, já me imaginei numa cena de filme, com minha maletinha, viajando como executiva. A sensação de realização foi inexplicável. Parecia que definitivamente estava dando certo.

Mal sabia eu, porém, o que me aguardava. Comecei a me deparar com diversos paradigmas de outras pessoas, que eu precisaria treinar para entender e mudar.

Todo ser humano tem suas crenças limitantes e pude sentir isso de perto. Um dos primeiros paradigmas a ser quebrado foi justamente minha idade. Em uma das minhas filiais, por exemplo, o dono disse que tinha minha idade somente na área de vendas. O que, então, eu poderia ensiná-lo?

O segundo foi o regionalismo. Escutei de muitos gerentes locais que minhas técnicas "só funcionariam em Goiânia", minha terra natal. Para eles, Rio de Janeiro, São Paulo e outras cidades maiores teriam outra realidade. Mais uma vez, me vi entre duas escolhas: ficar batendo boca e perder tempo ou mostrar que funcionava. Fui pela opção mais produtiva.

Acredito muito na filosofia de que nada fala tão alto quanto os nossos resultados. A pessoa contrária ao que defendemos pode gritar e espernear; porém, quando começar a questionar demais, vá lá e faça, demonstre que funciona na prática, pois isso cala qualquer preconceito.

Foi o que fiz e, em consequência, logo passaram a acreditar em mim e me respeitar. Aplicaram o passo a passo que vou ensinar neste livro, o mesmo que começou a dar certo para mim quando passei para a gerência regional e depois para a nacional. Aqueles que aplicavam as técnicas ampliavam conquistas e serviam de inspiração para outros mais desconfiados e reticentes.

No fim do ano, tínhamos multiplicado todos os resultados e fomos comemorar em um resort. Lá, o dono da empresa me promoveu a diretora nacional, responsável pela área comercial e de marketing de toda a faculdade.

Depois de cinco anos, alcancei o cargo mais alto dentro da área, partindo de um salário mensal de R$ 500,00 para outro de R$ 50 mil. Nem em meus sonhos mais ousados eu teria imaginado algo assim.

A verdade é que não parei mais. Assumi novas demandas, me tornei coordenadora de cinco cursos, ministrei aulas em várias turmas de pós-graduação e investi em duas unidades da faculdade: uma em Fortaleza, outra em Teresina. E o mais importante: cumpri a promessa inspirada pelo meu tio de ser uma divisora de águas naquele lugar.

Percebi, então, que tinha criado um método, algo que pratiquei em mim, em meu time e em vários alunos de pós-graduação, e que hoje apresento nos cursos e nas palestras que ministro Brasil afora.

Posso não saber se você já tentou ser mais produtivo, mas sei que existem várias técnicas de produtividade espalhadas por aí. Umas dizem para planejar a vida a cada quinzena; outras, para escolher cinco tarefas rumo ao dia seguinte. Todas são excelentes para muitas pessoas.

Esse é o primeiro tipo de produtividade, a que eu gosto de chamar de produtividade da era industrial, justamente por ela acreditar que somos todos iguais e que o que funciona para um vai dar certo para todos. Mas há um gap: não existe ser humano com digitais iguais ou mentes idênticas.

Você já se perguntou por que muitos métodos de produtividade não têm funcionado para você? O problema é a falta de personalização de ferramentas.

Alguém diz o que fazer e você reage, fazendo exatamente igual a todos. Nada muda. E o pior: nasce a frustração ao perceber que não está dando certo para você.

Às vezes você até fica motivado no início, porque pensa que vai conseguir realizar mais e ser mais produtivo. Depois da primeira semana, no entanto, a vida volta a ser exatamente como antes. Com o passar do tempo, usar aquela metodologia indicada pode até ter dado mais trabalho, no lugar de ter ajudado, e você continua sem tempo.

Então lembre-se: existe outro tipo de produtividade, alinhada ao mundo moderno.

Não é mais plausível criar um planejamento detalhado, com todas as etapas. Dada a velocidade em que tudo muda, a chance de seus planos se tornarem ultrapassados em quinze dias são enormes. Por isso, criei outro modelo, a produtividade da era pós-digital, ou nova produtividade, que funciona porque a atitude está alinhada ao seu perfil, porque tende a respeitar mais o indivíduo e, assim, a jornada se torna mais fácil e prazerosa.

Assim que o ser humano começa a ter resultados, é liberada no cérebro a dopamina, o que também faz com que tenha mais energia para seguir alcançando as metas fracionadas, pequenas conquistas que levam

à liberação de hormônios do prazer e bem-estar na corrente sanguínea. A partir daí, corpo e mente passam a ser condicionados a buscar mais ganhos. Ser proativo, então, passa a ser natural, o que gera mais entusiasmo e criatividade, melhora a eficiência e a qualidade da entrega e da performance, leva a gerar mais valor, e, por fim, a ganhar também mais dinheiro.

Obviamente, com mais tempo e mais dinheiro, você consegue aproveitar bem melhor a vida e se torna uma pessoa realizadora, ou seja, passa pela mesma transformação que aconteceu comigo.

Então, proponho seguir a leitura, pois temos mais material para aprender, pesquisar e praticar. Por enquanto, estamos só aquecendo...

O JOGO DA VIDA EM FAVOR DE UMA EXISTÊNCIA PRÓSPERA

Enquanto você investe na leitura e procura crescer, milhões de pessoas estão jogando videogames *somente* na plataforma Steam.

Você sabia que não é de hoje que os jogos fazem tanto sucesso? De acordo com o historiador grego Heródoto, os jogos de dados foram inventados no reino da Lídia como uma forma de lidar com um longo período de fome extrema. Estima-se que tenha acontecido antes mesmo do nascimento de Roma.

O que os jogos têm de tão interessante e o que eles têm a ver com o livro que está diante de seus atenciosos olhos?

Jogos são, à primeira vista, uma forma de entretenimento. Em uma roda de baralho entre amigos, em uma partida de sinuca ou até mesmo em um videogame *single player*, quem joga está em busca de diversão.

É aí que está o pulo do gato. A diversão nada mais é que uma série de reações químicas que acontecem no corpo, em especial no cérebro, provocando uma sensação de prazer.

São quatro os elementos básicos que determinam a existência de um jogo: regras; metas/fases/objetivos; feedback; e ser executado voluntariamente.

Adivinhe só... São os exatos quatro elementos necessários para se alcançar qualquer tipo de sucesso na vida.

Na vida real, as regras são as leis e os valores e crenças morais.

Os objetivos representam aquilo que se quer alcançar para dizer que tem sucesso: o topo da carreira, ser bem remunerado, ter boa saúde, construir uma família feliz.

Os feedbacks vêm por meio de métricas, KPIs (*key performance indicators*), resultados, tudo o que está relacionado a isso. São a régua que estipula a proximidade do objetivo.

Quanto ao que é executado voluntariamente, aqui se encontra a grande chave para fazer o tempo enriquecer você. Tenha sempre em mente que tudo (isso mesmo, tudo) o que você faz pelo sucesso é fruto das suas escolhas, da sua vontade.

Essas conquistas das quais falamos no capítulo anterior só acontecem porque a nova produtividade conecta a personalização, característica imprescindível, ao bem-estar, como se você estivesse em um jogo.

Os games, sejam quais forem, ativam o sistema de recompensas do cérebro. Já reparou que quando jogamos, ou até quando apenas torcemos, o foco aumenta e temos mais energia?

Segundo estudos da neurociência e da psicologia positiva, o fenômeno acontece porque esse tipo de entretenimento nos leva a atingir três níveis de felicidade: paixão, prazer e missão.[1]

Uma das grandes defensoras dessa corrente é a designer de jogos norte-americana Jane McGonigal, que pesquisa o uso da tecnologia na canalização de atitudes positivas e na colaboração no contexto do mundo real.

Analisando a fisiologia dos jogos, podemos aplicar esses princípios à vida, trazendo para a realidade as mesmas sensações que surgem quando jogamos. Isso se chama gamificação.

Hoje, toda minha equipe trabalha de forma lúdica, enxergando o trabalho como um game. Definimos em reunião que cada um é um super-herói

---

[1] MCGONIGAL, Jane. **A realidade em jogo**: por que os games nos tornam melhor e como eles podem mudar o mundo: Por que os games nos tornam melhor e como eles podem mudar o mundo. Rio de Janeiro: Best-Seller, 2012. 378 p.

e montamos nossa liga extraordinária. Cada um com seus superpoderes tem missões a serem realizadas e consegue diariamente conquistar o impossível porque, para super-heróis, não existe impossível.

De onde tirei essa brincadeira? Da época em que trabalhei na área de vendas e não tinha resultados. Concentrava-me tanto na meta que esquecia de fazer o meu melhor no presente. Até que entendi que os objetivos e metas funcionam como bússolas para o direcionamento, mas o foco deve ser no desempenho atual.

Parei de olhar demasiadamente para o que queria e comecei a me dar feedback após cada ligação. Meu foco agora estava em passar de nível, conseguir maior performance em cada ligação. Antes da missão grande, eu só precisava sentir que estava evoluindo e via cada contato meu com algum aluno como um jogo. Isso foi disruptivo.

Sabe aquele filme clássico *A vida é bela*? O protagonista deixa a mensagem central, que, mesmo diante do caos, é possível agir como se estivéssemos em um jogo. Então, tudo fica bem mais leve. Vou contar um pouco do que acontece no drama (sem *spoilers*) para você que ainda não assistiu.

Imagine um cenário de guerra, em que sua família seja separada e você não tenha ideia de quando vai ver sua esposa novamente. Aconteceu com o personagem principal, que precisou improvisar. Pai valoroso, ele teve a ideia genial de falar para o filho que tudo não se passava de um jogo e que, se o garoto seguisse todas as regras (não perguntar da mãe para os guardas, não dizer que estava com fome nem reclamar dos tiros), ganharia pontos extras para o prêmio final, um tanque. A metáfora influenciou positivamente o garoto.

Quando utilizamos ferramentas de produtividade como um jogo e as adequamos ao nosso perfil, a mágica acontece. É assim, com essa linha de pensamento e ação diferente dos padrões, que o tempo enriquece você.

Nos próximos capítulos, vou explicar o exato passo a passo para você transformar a sua realidade em um jogo e terminá-lo com uma vitória.

Afinal, o jogo da vida em favor de uma existência próspera é o melhor entretenimento que podemos praticar. E, se ainda resta qualquer dúvida a respeito da conexão entre o que se faz nos jogos lúdicos e o que se executa na vida prática, aí vai uma pergunta provocadora para desarmar de vez o leitor que ainda resiste:

Sabe como o mercado classifica os maiores investidores do mundo?

Aí vai a informação, caso a desconheça: são chamados de *players*.

Desejo que você faça da vida uma partida memorável, confiando em si e no método. E vamos em frente, não porque atrás vem gente, mas porque felicidade não é batata quente. Pode pegá-la, está ao alcance da nova produtividade, conquistada no bom jogo da vida...

3

CONHEÇA E PRENDA OS LADRÕES DO TEMPO, QUE NÃO PODEM FICAR IMPUNES

Em diversos jogos, existem adversários. Truco, sinuca, basquete, futebol, *Dungeons & Dragons*, *The Legend of Zelda*, *Halo* e uma infinidade deles...

Na vida real, adversários também estão por toda parte. Refiro-me aos erros que impedem o ser humano de ser um verdadeiro realizador. Erros simples, mas que 99% da população comete pela maneira como fomos educados.

Eu também passei por isso. Somente depois que aprendi a derrotar esses vilões que consegui produzir com mais eficiência e eficácia, além de liberar quatro horas do meu dia.

Quem são esses vilões? Os ladrões do tempo.

Talvez você não saiba, mas existem 28 deles — ou seja, 28 fatores internos ou externos que nos fazem desperdiçar tempo, deixando-nos cansados e cheios de pendências, jogando no lixo preciosas horas e impedindo que vivamos de forma mais produtiva.

Esses pequenos criminosos, livres para atrapalhar a vida e disfarçados para evitar a prisão, estão entre os principais motivos pelos quais você ainda não realizou seus sonhos.

Saber se estão "assaltando" é fácil. Por mais que pareça que estamos trabalhando por dois ou dez, os ladrões sugam energia e geram cansaço, deixando-nos cheios de pendências. Dê uma olhada na lista a seguir e confira a identidade desses gatunos para que você possa exercer sua autoridade e prendê-los de uma vez por todas.

FERRAMENTA LADRÕES DO TEMPO

FATORES EXTERNOS	FATORES AUTOGERADOS
1. Telefonemas; 2. Reuniões improdutivas; 3. Visitas sociais; 4. Urgências de terceiros; 5. Atrasos; 6. Erros de terceiros; 7. Papelada e relatórios; 8. Falha de comunicação; 9. Atividades externas; 10. Funcionários-problema; 11. Crise; 12. Reclamação de cliente; 13. Rotina de trabalho excessiva; 14. Interrupções.	1. Desorganização; 2. Procrastinação; 3. Estimativas erradas de uso de tempo; 4. Tentar fazer mais coisas do que consegue; 5. Não saber delegar; 6. Decisões impensadas que causam emergências; 7. Não saber ouvir; 8. Desmotivação; 9. Ausência de planejamento; 10. Centralização; 11. Falta de agenda efetiva; 12. Prioridades diárias indefinidas; 13. Indisciplina; 14. Falta de criatividade.
Considere quais são os seus próprios ladrões do tempo. Liste quais são os principais fatores externos que roubam o seu tempo.	Considere quais são os seus próprios ladrões do tempo. Liste quais são os principais fatores autogerados que roubam o seu tempo.

Se a polícia apenas souber quem é o ladrão e não agir, ele não vai parar atrás das grades. De igual modo, só saber que os ladrões do tempo existem e saber quais o afetam não vai fazer de você uma pessoa mais produtiva.

Separei orientações para que seja possível lidar melhor com os principais deles. Mas atenção: ler o material e querer que a vida se transforme da noite para o dia não é suficiente. É preciso agir e praticar, criar novos hábitos e romper com os antigos, prender os ladrões e reeducá--los para que voltem à sociedade de maneira benéfica. Somente dessa forma será possível, de fato, alcançar o que agora parece impossível.

DESORGANIZAÇÃO

Muitas pessoas convivem com a desorganização diariamente – e, quem sabe, até você. Por exemplo, alguma vez você chegou ao seu quarto ou escritório e se perdeu em meio à quantidade gigantesca de papéis espalhados?

Ou então ficou com a caixa de entrada do e-mail tão lotada que bateu preguiça de olhar e acabou deixando passar algo importante?

Já esteve com a mente tão cheia que se esqueceu da reunião de pais na escola de seus filhos?

Todas essas situações decorrem da desorganização, um mal que costuma agir de forma sutil. Contudo, é justamente por causa disso que o ladrão é tão perigoso: sem nos darmos conta, ele se instala e rouba preciosos momentos do nosso dia.

Não sei se você percebeu pelos exemplos, mas o problema se divide em três tipos: físico, virtual e mental.

Se o seu caso é o primeiro, a desordem física, eis três passos simples que vão auxiliá-lo a se livrar do ladrão.

- Divida seus documentos em apenas três pilhas: lixo, pendências e arquivo;
- Desenvolva só um sistema de arquivo que mais se adapte a você e às suas necessidades (por data, ordem alfabética, procedência etc.);
- Reserve horários na agenda para solucionar pendências.

Caso a desorganização virtual seja a que mais o aflige, o principal método para lidar com a avalanche de e-mails que você recebe todos os dias é utilizar o mesmo procedimento descrito há pouco (excluir imediatamente, arquivar e resolver). Leia e responda às mensagens de acordo com a seguinte sistemática: caso possa ser concluído em até dois minutos, faça logo; do contrário, reserve um momento na agenda para isso.

O terceiro tipo de desordem, a mental, também tem solução. Para que consiga pensar com calma e ser mais produtiva, a mente deve se manter limpa e organizada. Para isso, sente-se em um local isolado e com o mínimo de barulho. Em uma folha, escreva tudo o que precisa ser feito: ir ao supermercado, elaborar um relatório, lavar a louça, passear com o cachorro, ligar para um cliente, pagar as contas... Em seguida, enumere os itens por ordem de prioridade e prazo para entrega, sendo o número um o mais importante e que deve ser entregue de imediato, e assim por diante. Desse modo, você pode se dedicar a realizar cada item sem se preocupar com o próximo e sem esquecimento.

Se surgir mais alguma obrigação, anote-a ao final. É importante só parar o que está fazendo se algo urgente surgir. Caso contrário, somente depois de terminar a tarefa atual avalie essa nova que chegou e veja onde ela pode e deve ser incluída no cronograma.

RUÍDOS NA COMUNICAÇÃO

Uma brincadeira comum entre as crianças é o telefone sem fio. A primeira da fila fala uma palavra ou frase no ouvido da que está ao lado, que passa para a seguinte até chegar à última. É comum que a mensagem esteja toda deturpada ao fim, uma vez que cada criança vai entendendo e repassando do próprio jeito.

No mundo dos adultos, é real e bem parecido. Basta pensar um pouco no cotidiano para dar-se conta disso. Já aconteceu alguma vez de você passar uma tarefa para alguém e depois ver que tudo foi feito errado? Ou de pedirem uma tarefa a você, mas a orientação ter sido tão vaga que os resultados ficaram bem abaixo do que você seria capaz de entregar?

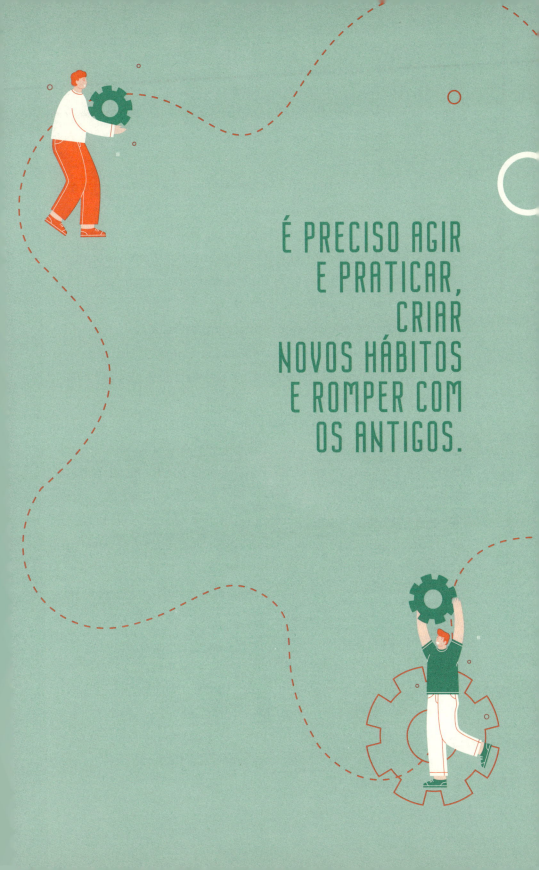

Parecidos com o tradicional joguinho infantil, esses cenários são corriqueiros no campo profissional, razão pela qual os envolvidos perdem tempo com retrabalhos e reajustes, transtornos que seriam evitados pela comunicação efetiva.

O grande obstáculo da produtividade nas empresas é que muitos querem falar e poucos se importam em ouvir.

Na mesma linha, pouquíssimas pessoas verificam se transmitiram uma mensagem e foram realmente compreendidas. Para piorar, quanto mais mensagens transmitidas entre os colaboradores, menos eles se entendem e mais se agrava o ruído.

A boa notícia é que podemos evitar o caos. Basta nos lembrarmos de um ensinamento simples: a comunicação é uma via de mão dupla e a responsabilidade da compreensão pertence a todos os envolvidos (emissores e receptores).

Portanto, concentre-se no que é dito, livre-se de qualquer elemento que possa distrair e preste atenção quando alguém estiver conversando com você. Um jeito simples de recordar-se do que foi falado é anotar os assuntos em tópicos. Mas, é claro, faça isso após o diálogo – anotar durante a conversa sugere um comportamento rude e aumenta o risco de distração. O único conselho é que anote tão logo quanto possível para não se esquecer do que foi dito.

Mais uma dica: antigamente, nas empresas, o funcionário temia perguntar demais e ser considerado confuso. Isso acabou. Nos novos tempos, se não entendeu, pergunte.

A dúvida pode ter uma resposta que parece óbvia, mas perguntar produz resultados incríveis. Em vários treinamentos que ministrei, pude observar de forma clara que os alunos inquietos e perguntadores, via de regra, compreendiam melhor o conteúdo do que aqueles que simplesmente anotavam.

Quem deseja ter uma comunicação mais assertiva não deve ter vergonha de perguntar.

Quando pedirem algo a você, repita o que foi dito para que o outro saiba se foi compreendido.

RESPONSABILIDADES CONFUSAS

Sabe o que acontece quando a mente de alguém está uma bagunça e a comunicação é cheia de falhas? A pessoa é incapaz de distinguir com exatidão as suas responsabilidades e as alheias.

É fácil perceber quando isso ocorre; basta chegar em um escritório e perguntar: Quem é o responsável por entregar isso?

Se mais de uma pessoa levantar a mão ou ninguém se manifestar, eis a prova.

Como resultados graves e imediatos, temos retrabalho, desperdício de recursos e atrasos na entrega. Apesar do impacto causado, prender esse ladrão do tempo é simples.

O desafio maior é ter ciência de que a solução depende de todo o grupo. É preciso, por exemplo, revisar os objetivos diários com a equipe em duas reuniões rápidas, uma pela manhã, outra ao final do expediente – assim, pode-se estabelecer o que e por quem deve ser feito, como e quando deve ser entregue. Se você não for o chefe, talvez seja uma boa ideia dar a ele essa sugestão.

A reunião da manhã não deve demorar mais de quinze minutos. O foco deve estar em duas frentes: nas obrigações planejadas para o dia e como elas geram valor ao projeto em questão.

Para evitar serviço duplicado, todos devem estar cientes do que será feito. Ao fim da tarde, o encontro deve ser igualmente curto. Porém, dessa vez, cada um deve compartilhar o que foi concluído e, caso os resultados tenham sido insatisfatórios, quais obstáculos foram enfrentados.

Outra saída para lidar com esse tipo de problema é tornar as incumbências visíveis. É vital que os processos estejam organizados e atualizados, o que pode ser feito em um quadro que mostre as atividades a serem realizadas e o responsável pela entrega de cada uma delas.

Além disso, trabalhe seu foco. Antes de começar qualquer ação, pergunte-se: como isso aproxima os meus objetivos? Se encontrar pelo menos uma razão relevante que ainda não estava ali, acrescente-a à lista de coisas a fazer.

CENTRALIZAÇÃO

As empresas estão cheias de pessoas com verdadeiro horror a delegar atividades. São colaboradores que adoram centralizar as tarefas – e que, muitas vezes, agem assim justamente por experiências ruins relacionadas à má comunicação e às responsabilidades confusas. Por receio de que os outros entreguem resultados abaixo do esperado, acumulam tudo para si.

Alguns até justificam que levariam tempo demais para treinar alguém, mas acabam tão atribulados que tentam ser multitarefa, sem perceber que isso prejudica a empresa. A consequência? Funcionários irritados e sobrecarregados, que se sentem como se estivessem carregando a companhia nas costas e culpam os outros pelo insucesso de seus projetos.

De todos os ladrões do tempo, talvez esse seja o mais desafiador de ser vencido porque a centralização é uma condição associada diretamente a todos os outros 27 fatores da lista de improdutividade. Mas, como todo vilão, esse também tem seus pontos fracos que facilitam a captura.

Quem está vivendo essa realidade deve repetir para si o seguinte mantra, toda vez que se sentir tentado a realizar o dever do colega: *Nem tudo é responsabilidade minha!*

Repita também sempre que estiver hesitante em delegar algo e, principalmente, ao se perceber resolvendo pendências de terceiros. Lembre-se que assumir responsabilidades é ótimo para crescer na carreira, desde que sejam apenas as suas.

Caso você esteja à frente de uma equipe, treine-a. Treino gera habilidade, que gera confiança, que resulta em crescimento.

Dotada de um método, qualquer pessoa é capaz de realizar qualquer coisa. Portanto, estimule o grupo a buscar e renovar conhecimentos a partir de novas técnicas. Assim, serão melhores na execução de certas operações e logo você perceberá que conquistou liberdade para delegar.

Se os outros se encarregarem das atividades operacionais, você se tornará livre para cuidar das estratégias que o levarão ao sucesso.

ROTINA DE TRABALHO EXCESSIVA

Segundo o Global Corporate Challenge (GCC),[2] uma plataforma holística de saúde e bem-estar dos Estados Unidos, pessoas estressadas são 24% menos produtivas que as demais. Tal dado foi descoberto depois de uma pesquisa do próprio GCC com 160 mil funcionários de 185 países.

Claro que trabalho em excesso gera estresse, mas o que quero dizer é que trabalhar demais pode ser um ladrão do seu tempo, uma vez que o deixa improdutivo.

Quem perde o equilíbrio e se torna workaholic, ao contrário do que imagina, mais gasta vida do que a aproveita. Como já contei, percebi isso quando, por volta dos meus 23 anos, comecei a ficar no escritório

---

[2] ARCOVERDE, Letícia. Rotina estressante no trabalho não garante produtividade, diz pesquisa. **Valor**. São Paulo, 15 mar. 2015. Disponível em: https://valor.globo.com/carreira/recursos-humanos/noticia/2015/03/17/rotina-estressante-no-trabalho-nao-garante-produtividade-diz-pesquisa. Acesso em: 25 fev. 2020.

até de madrugada. Dormia e comia mal, e nunca tinha energia para os momentos de lazer.

Confesso que, no início, fiquei receosa em diminuir a carga horária. Pensava que isso resultaria na queda catastrófica dos resultados.

Foi o contrário. Trabalhar menos permitiu que eu me equilibrasse e melhorou minhas entregas.

Pensando nisso, separei a dedo orientações para que você consiga vencer essa resistência e se tornar mais produtivo.

Em primeiro lugar, saiba que provavelmente a rotina excessiva de trabalho é fruto da união de outros vilões: interrupções, falta de prioridades, agenda mal elaborada e procrastinação. De tanto perder tempo com eles, nossos dias se tornam curtos para resolver tudo o que precisamos.

Outra máxima que precisamos internalizar:

Estar ocupado quase nunca é sinônimo de ser produtivo.

Estar ocupado leva aos excessos que podem ser nocivos à saúde. Ser produtivo, por outro lado, gera resultados positivos e exige equilíbrio.

Durante o trabalho, defina períodos de pausa para o cérebro. Durante a semana, estabeleça momentos de descanso, afinal, cuidar de você e da sua saúde deve ser um item importante entre suas prioridades.

ESTIMATIVA ERRADA DO USO DO TEMPO

Parece que o tempo passa mais rápido quando estamos nos divertindo, e mais devagar nos momentos em que estamos entediados ou ansiosos. Não há uma pessoa no mundo que não tenha se sentido assim em algum momento da vida.

O que acontece, na verdade, é que somos ruins para estimar a passagem do tempo. O cérebro tem dificuldade de processar esse tipo de informação, o que nos leva a acumular tarefas e, consequentemente, perder preciosos minutos, horas ou dias. Felizmente, há maneiras de driblar essa condição.

Uma delas é fazer estimativas baseadas em esforço em vez de tempo gasto. Ao separar horários para atividades na agenda, cabe pensar em termos de quantidade de esforço necessário para concluí-las. Jeff Sutherland, cocriador do Scrum, uma metodologia ágil para gestão de projetos, sugere a classificação seguindo a sequência de Fibonacci: 0, 1, 1, 2, 3, 5, 8, 13, 21, 34...

Pensando nisso, analisei essa situação em minha realidade e percebi o seguinte: em geral, atividades que classifiquei como 1 tomavam até 15 minutos. As que eu dizia serem 3 quase sempre duravam entre 15 e 45 minutos. Tarefas classificadas em 7 poderiam exigir até duas horas, enquanto as de número 13 necessitariam de até metade de um dia. Já as 20 indicavam que eu utilizaria um dia ou mais para a conclusão.

Por dependermos de nossas habilidades pessoais, nossa percepção de trabalho e dificuldade é relativa, portanto utilize essa estimativa como um guia inicial e vá adaptando-a.

É válido também cronometrar e registrar quanto tempo você gasta para realizar cada tarefa. Aprendi esse método observando o hábito de uma estagiária com quem trabalhei. Ao iniciar seus serviços, ela preparava a mesa da seguinte forma: ligava o computador, abria um caderno, posicionava uma caneta sobre ele e acionava o cronômetro do celular. Sempre que parava o que estava fazendo, pausava a contagem e, ao finalizar, anotava no papel a quantidade de tempo utilizada.

Ao ser questionada sobre esse costume incomum, ela revelou: "Tathi, é uma ferramenta de estudo que estou testando em várias situações, para aumentar a produtividade".

FALTA DE MOTIVAÇÃO

Poucos sentimentos são piores para a vida profissional do que a falta de motivação. Uma pessoa desestimulada faz suas ocupações de qualquer jeito, encontra desculpas para procrastinar e não evolui... E, o pior de tudo, está sempre infeliz. Tudo é ruim na vida de quem anda desmotivado. Quem sente que anda assim deve prestar bastante atenção às formas de dar uma guinada e cortar esse ladrão do tempo.

Para começar, responda rápido: qual é o seu maior sonho?

Se teve dificuldades para encontrar uma resposta, tenho uma notícia desconfortável.

Com o passar dos anos, as pessoas tendem a se tornar céticas quanto à realização de sonhos. Contudo, esse é o primeiro – e principal – passo para estar sempre motivado.

Defina com exatidão qual é o maior objetivo que deseja alcançar. Ele deve ter cor, cheiro, formato, nome e, se possível, até sabor. Caso seja muito grande, divida-o em partes menores, que consiga realizar aos poucos.

Crie planos de ação e tome uma atitude. O mais importante é tirar o planejamento do papel e começar a produzir resultados concretos, por menores que sejam. E, se o sonho for pequeno, realize-o sem desculpas.

Depois, encontre um sonho um pouco maior e realize-o também. Em seguida, identifique outro maior ainda. E prossiga aumentando o tamanho das metas à medida que cumprir as anteriores.

Lembre-se: ao pensar que pode ou não realizar algo, em ambos os casos terá razão.

TENTAR SER MULTITAREFA

Aí está outro grande ladrão do tempo, que transforma as pessoas em meras realizadoras de atividades ou "tarefeiras". Não se trata daquelas atividades que nos levam aonde desejamos. São atividades que mais atrapalham do que ajudam.

Quem comete esse tipo de erro acredita que ser produtivo é pegar tudo o que surgir e resolver o mais rápido possível. É aquele indivíduo que está sempre atrasado, ocupado, sobrecarregado, mas que tem resultados bem abaixo da quantidade de horas e do esforço empregados. Nessa situação, o problema é não entender a diferença entre se ocupar e produzir.

Por muito tempo, as pessoas se orgulhavam de ter várias tarefas ao mesmo tempo. Pesquisas recentes têm mostrado que nosso cérebro nunca se ocupa de duas ou mais tarefas complexas simultaneamente. Ele fica alternando a atenção e isso tem efeito negativo, tanto em curto quanto em longo prazo.

Um estudo realizado na Universidade Stanford ao longo de uma década e publicado em 2018, intitulado *Minds and Brains of Media Multitaskers: Current Findings and Future Directions*,[3] mostrou que até podemos treinar a mente para ser multitarefa. Mas pagamos o preço disso, visto que, como mostra a pesquisa, tentar expandir essa capacidade sabota nossa memória. Além de afetar a inteligência emocional, nos faz ser menos criativos, diminui o poder de reflexão e ainda nos vicia em irrelevâncias.

O negócio é parar, respirar fundo, pensar um pouco e prestar atenção em sua vida. Quem tenta fazer tudo chega ao fim do dia mentalmente exausto, com dificuldade de tomar decisões importantes e se irrita com facilidade. Inevitavelmente, o multitarefa mais se ocupa do que produz.

---

3 UNCAPHER, M. R.; WAGNER, A. D. Minds and brains of media multitasker: Current findings and future directions. **Proceedings of the National Academy of Sciences of the United States of America**, Washington, D.C., 115 (40), p. 9889-9896, Out. 2018. Disponível em: https://www.pnas.org/content/115/40/9889. Acesso em: 25 fev. 2020.

Os resultados não aparecem e você se desmotiva, duvidando até mesmo da própria capacidade. Como evitar tudo isso de forma definitiva? Fazendo uma coisa de cada vez, aprendendo o método de definir prioridades – ainda vamos abordá-lo detalhadamente mais à frente. Com isso, evita-se o desastre das multitarefas e aprende-se a focar aquilo que vai levar, de fato, aos objetivos; aprende-se a dizer "não" e a parar de perder tempo com atividades supérfluas.

INTERRUPÇÕES

Ao aprender a definir prioridades, convém livrar-se de mais um ladrão do tempo que impede a produtividade – um dos principais, inclusive. As interrupções. Por mais incrível que pareça, freá-las no ambiente de trabalho facilita economizar incríveis quatro horas por dia. Já pensou ter quatro horas a mais para dedicar a algo realmente útil?

Mesmo que tenhamos o costume de dizer que trabalhamos oito horas diárias, não produzimos, efetivamente, ao longo de todo o período. Seja você médico, psicólogo, engenheiro, *coach* ou palestrante, caso imagine que produza 100% durante os seus atendimentos, saiba que não é verdade.

Para os funcionários de alguma empresa, empresários ou empreendedores, surge uma demanda a cada segundo e render 100% do tempo é impossível. A realidade é que, independentemente do campo profissional, interrupções podem levar a produzir somente entre 20% e 40% da jornada e a perder tempo, dinheiro e saúde.

Somos interrompidos o dia todo – pela nossa própria mente, pelos colegas ou pelas notificações do celular. E a interrupção acaba com a produtividade. De acordo com a ciência cognitiva, toda vez que estamos concentrados e somos interrompidos, o cérebro demora um certo tempo para retornar àquele nível de concentração anterior.

A professora Gloria Mark, da Universidade da Califórnia, em Irvine, é uma das especialistas quando se trata dos efeitos de distrações no escritório. Segundo ela, quando somos interrompidos, especialmente quando a interrupção nos leva para temas completamente diferentes do que aquele em que estávamos trabalhando, demoramos em média mais de 23 minutos para retomar a concentração inicial.[4] Esse tempo, porém, pode ser variável. Alguns cientistas estipulam sete minutos; outros, 28. Tudo depende do nível de complexidade da tarefa.

Vamos colocar dez minutos como média para você voltar a se concentrar para escrever um e-mail, atender um paciente, liderar uma reunião ou criar a solução para um problema. Supondo-se que em um expediente de oito horas uma pessoa comum seja interrompida cerca de 27 vezes, o que somaria 270 minutos ou quatro horas e meia. Isto é, mais da metade do tempo trabalhado é usado para que o cérebro volte ao necessário nível de concentração anterior. Em seis dias, perde-se uma incrível fatia produtiva: mais de 24 horas.

Agora, pense em quanto dinheiro você está deixando de ganhar por causa das interrupções, não só porque poderia receber por algum trabalho nesse tempo, mas por trabalhar em um nível abaixo do que seria capaz.

Nos dez minutos após a interrupção, você exerce as obrigações aquém da capacidade. Aquele e-mail não fica o melhor possível, o atendimento leva mais tempo, a reunião se torna improdutiva e a solução para o problema não surge. No entanto, existem diversas maneiras de acabar, ou ao menos diminuir, essas distrações.

Uma maneira bem simples, e que gosto de ensinar, é a baseada nos rodízios de churrascaria. Já percebeu que neles existe uma plaquinha

---

[4] PATTISON, Kermit. Worker, Interrupted: The Cost of Task Switching. **Fast Company**. Nova York, 28 jul. 2008. Disponível em: https://www.fastcompany.com/944128/worker-interrupted-cost-task-switching. Acesso em: 25 fev. 2020.

com as cores verde e vermelha? O verde significa que o cliente ainda quer ser servido e o vermelho, que está satisfeito.

Podemos trazer o conceito de organização para o espaço de trabalho, usando sinalizações com essas cores ou com os dizeres de que está ocupado ou livre. Assim, as pessoas saberão se podem ou não interromper você naquele exato instante ou se devem esperar um pouquinho. Coloquei essa estratégia em prática na minha equipe e os resultados foram espetaculares.

Várias empresas, desde as mais inovadoras até aquelas mais conservadoras, têm compartilhado comigo quanto ganharam ao implementar o mesmo sistema. Ter quatro horas a mais no dia é muito significativo. E um detalhe: estamos falando de apenas um ladrão do tempo. Lembra que existem 28 deles?

Mais uma dica é usar a técnica conhecida como Pomodoro, desenvolvida nos anos 1980 pelo italiano Francesco Cirillo, que procurava uma maneira de melhorar a sua produtividade enquanto estudava para a universidade.[5] Na minha empresa, programamos trinta minutos de foco total e cinco de descanso. Durante essa meia hora, concentração extrema no que precisa ser feito, sem interrupção – pode colocar o celular no modo avião, fechar distrações no computador e usar a plaquinha na posição vermelha. Depois disso, um descanso de cinco minutos.

O ciclo deve ser repetido por quatro vezes e, no último descanso, faz-se uma pausa maior, de quinze a trinta minutos, zerando a contagem das marcações e voltando ao passo um.

O seguinte conselho é algo que implementei e deu bastante certo: o momento de silêncio. Quando temos variadas demandas para resolver individualmente, combinamos de ficar duas horas sem falar uns com os outros, apenas produzindo.

---

5   CIRILLO, Francesco. **A técnica Pomodoro**. São Paulo: Sextante, 2019.

Assim como no Pomodoro, evitamos as interrupções e facilitamos o foco. Os três métodos se complementam e podem ser usados juntos. É necessário, porém, avaliar seu dia a dia e ver qual deles se encaixa melhor à sua rotina.

PROCRASTINAÇÃO

É o famoso jeitinho de deixar para depois algo que deve ser feito imediatamente. Cabe dizer que é impossível utilizar o tempo como acelerador do sucesso e ao mesmo tempo ser um procrastinador, principalmente daquele tipo que posterga toda e qualquer atividade, das mais complexas às mais simples.

Nem tudo, porém, está perdido: até porque dez em cada dez pessoas procrastinam. O que muda é a intensidade – algumas adiam tarefas como trocar uma lâmpada e outras deixam para depois importantes compromissos profissionais.

Em geral, procrastinamos porque existe, à nossa frente, algo mais prazeroso do que aquilo que precisa ser feito. Acontece que precisamos ter em mente que pode até haver algo mais divertido esperando, mas caso não tenhamos foco e força de vontade, o ato de procrastinar pode não só nos levar para longe dos nossos sonhos como afetar nossos ganhos financeiros. Porém, como multiplicar o que ganha se você está sempre protelando os planos, as estratégias e as ações?

Alguns exercícios podem ajudar a sair desse estado de letargia, no qual estamos fadados apenas a perder. Um deles é ter um propósito claro – se você ainda não tem o seu, vamos ensinar mais à frente o passo a passo. É preciso que se recorde dele e saiba qual é a maior prioridade hoje, neste momento. Isso vai abrir o caminho da clareza e da energia necessárias para ganhar a batalha.

Além disso, divida seu objetivo final em pequenas partes. Metas grandes demais podem levar ao desânimo por parecerem inalcançáveis. Se você deseja escrever um livro, por exemplo, determine datas de inicio e fim. Em seguida, estabeleça quantos capítulos precisará concluir por mês. Defina quantas páginas escreverá por dia e, em vez de ver na tarefa um fardo, uma obrigação demorada, aproveite o processo.

Mais um ponto importante para manter o foco e evitar a procrastinação é eliminar as distrações e, se possível, tirá-las de vista. Lembre-se a todo instante do que tem mais valor: sua carreira ou o *feed* de notícias das redes sociais? A realização de seus sonhos ou aquela mensagem no WhatsApp? Concentre-se no que precisa ser feito e no que é realmente significativo.

Feito tudo isso, mãos à obra. Até porque de nada adianta planejar, determinar metas, eliminar o que distrai e não partir para a ação – essa deve, inclusive, ser a palavra-chave. Realizar logo o que for preciso gera tempo de sobra para descansar e se divertir. E o melhor: sem ficar com aquele sentimento de culpa que a procrastinação traz.

Por fim, estabeleça recompensas e autopunições. Somos movidos tanto pelo amor quanto pela dor, então nada mais inteligente do que estabelecer um pequeno prêmio para cada vez que vencer a vontade de procrastinar – proporcional ao objetivo alcançado – e um castigo para os momentos em que o inverso ocorrer.

Quem acompanha minha história sabe que não foi nada fácil escrever o meu primeiro livro, *Faça o tempo trabalhar para você*.[6] A obra se transformou em best-seller, lançada até nos Estados Unidos e na Europa, mas para que acontecesse, foi preciso que eu desse um basta na tendência a procrastinar. Minha recompensa, ao terminá-lo no prazo, foi um cruzeiro pelo Caribe. E a punição preestabelecida, caso não conseguisse, seria ficar careca. Arrisco dizer que esse foi o principal fator de motivação.

6   Deândhela, Tathiane. **Faça o tempo trabalhar para você**. São Paulo: Ser Mais, 2016

Caso não realize o seu sonho, qual será a sua punição? Somente você sabe o que, de fato, estimula suas ações. Agora que tem conhecimento do que precisa ser feito, assuma o protagonismo e deixe a procrastinação no melhor lugar que ela pode estar: no passado.

COMO ADEQUAR TÉCNICAS ÀS NECESSIDADES INDIVIDUAIS

Agora que você se familiarizou com os ladrões do tempo – conheceu os 28 e se aprofundou em dez deles –, quero falar de um erro grave que rouba preciosos dias e valorosas horas e nos faz ser menos produtivos.

Quer saber que erro é esse? É o de não adequar as técnicas à sua individualidade.

Cada ser humano tem um perfil específico e ignorar isso pode ser o motivo de muita gente ser menos eficiente e realizada. Explicaremos cada perfil a fundo no capítulo 7, mas somente para dar um exemplo rápido: se você é do primeiro perfil, que gosta de ir direto ao ponto, e alguém diz que para ser produtivo é preciso um planejamento estruturado, você não vai se dar bem, pois não combina com seu perfil.

Utilizar técnicas pensadas para outros tipos de personalidade nos faz falhar. No entanto, à medida que você adapta as ferramentas ao seu estilo, passa a ver como é fácil conseguir resultados. Lidar com os ladrões do tempo fica mais fácil e a produtividade passa a ser prazerosa.

Ao conhecer seu perfil e utilizar os métodos corretos, tudo flui melhor. Você começa a ter mais controle sobre o tempo e o que fazer com ele, e aí pode aproveitar para ficar com quem ama, investir em novos projetos e, quem sabe, realizar aquele sonho guardado na gaveta.

Bom, acho que já deu para perceber que, para vencer os ladrões do tempo, é preciso planejar. Então chegou a hora de apresentar uma ferramenta poderosa, capaz de deixar a tarefa de planejar bem mais rápida, confortável e completa, totalmente alinhada com a conexão entre as técnicas da gestão do tempo e o uso personalizado em favor da prosperidade.

É o **Time Model Canvas (TMC)**, uma ferramenta poderosa que ajuda a tirar planos do papel, transformando ideias em projetos lucrativos, para que você alcance uma vida de realizações.

Vou começar dizendo que, para chegar até lá, é necessário que os sonhos saiam da gaveta e fiquem diariamente visíveis, para que você possa partir no rumo da execução desses sonhos.

No dia a dia, frente à correria frenética e ao ataque ao cérebro, com o bombardeio de informações que vêm de todas as partes do mundo, acabamos por ficar paralisados, com a sensação de ter muito o que fazer e não saber por onde começar. Entramos, então, em um ciclo vicioso, em que cada nova tarefa aumenta a frustração e o desgaste físico e emocional.

O que mais nos cansa no dia a dia não são as atividades a cumprir, e sim as pendências acumuladas, que geram uma fadiga intensa o bastante para impedir a concentração e o sono restaurador. Tudo isso vai gerando uma carga pesada e até mesmo a nossa maior paixão se torna desgastante.

Somos tomados por outra epidemia, dessa vez a da desordem. Sem perceber, preferimos que a vida nos leve pelo modo "piloto automático", para fugirmos dos problemas e das decisões difíceis. Veja que, por mais que pareça confortável, essa atitude não conduz ninguém na direção de seus objetivos.

Cansadas de patinar e não obter resultados, muitas pessoas partem para os planejamentos estruturados e completos, que demoram dias ou até semanas para ficarem prontos. No fim das contas, perdem tempo em algo desgastante, que agrava o desânimo já crescente.

Foi para evitar tudo isso que pensei no TMC, recurso que pretende organizar as ações e o cotidiano, além de facilitar a construção de uma agenda. Gosto de chamá-lo de ferramenta de transformação.

Se você está reconhecendo o nome é porque ele deriva do famoso Business Model Canvas, metodologia surgida no Vale do Silício, nos Estados Unidos, que ganhou destaque mundial.

A partir desse instrumento testado e aprovado, desenvolvi outro, voltado para a produtividade e a gestão de tarefas. Com ele, você consegue categorizar uma chuva de ideias em apenas uma tela, visualizando tudo em um único lugar, sem precisar virar sessenta páginas de um planejamento para ter acesso aos seus projetos, metas e ações.

Prático e dinâmico, o TMC vai exigir que você pense e reveja planos esquecidos. É uma espécie de "autocoach", um guia para você encontrar as respostas que já tem dentro de si.

Não se preocupe porque nada disso pretende ser massivo – pelo contrário, a ideia é que você consiga planejar de maneira mais leve e divertida, já que o TMC foi concebido para entender o fluxo de informações e memorizar as premissas.

Entenda o TMC como um meio de simplificar o planejamento, a organização, a execução e o monitoramento das suas ações. Porém, antes de iniciar o preenchimento do seu, é preciso que você pense nas categorias – por exemplo, datas (entregar semana que vem, amanhã ou hoje) e tipos de meta (urgente, prioritária, rotina) – que vão colocá-lo mais próximo do seu propósito.

Preencha as colunas, utilize post-its para que possa manusear, apagar e eliminar dados, tudo sem destruir o Canvas. Isso dará mobilidade e dinamismo, pois permite adaptar o planejamento a qualquer momento, deixando-o constantemente atualizado e sem rasuras.

Se quiser, use cores diferentes para ressaltar temáticas diversas (dados referentes à meta pessoal de uma cor, dados de um projeto profissional, de outra e assim por diante).

O TMC deve ser visualmente fácil de compreender e, por meio do QR Code abaixo, você acessa uma página on-line, na qual poderá imprimir o seu em um tamanho maior, seja A2 ou A3, para que tenha mais espaço para encaixar tudo o que for preciso. Vamos preenchê-lo?

Ou acesse o link: http://produtividadegold.com.br/premio_tmc

PASSO 1: MOTIVOS PARA AÇÃO

Com todas essas questões em mente, é hora de partir para o preenchimento, começando pelo nome do seu projeto, a versão, o responsável pela execução e a data.

As numerações no quadro auxiliarão a seguir a ordem correta, iniciando pelo primeiro tópico: motivos para ação. Algumas perguntas escritas ali norteiam o processo, possibilitando que você medite a respeito delas. Não precisa responder uma a uma, mas a ideia é "abrir sua cabeça" e trazer o máximo de clareza possível.

O capítulo 6 será inteiramente dedicado ao seu propósito. É ele que vai entrar nesse campo. O propósito deve estar num local visível para

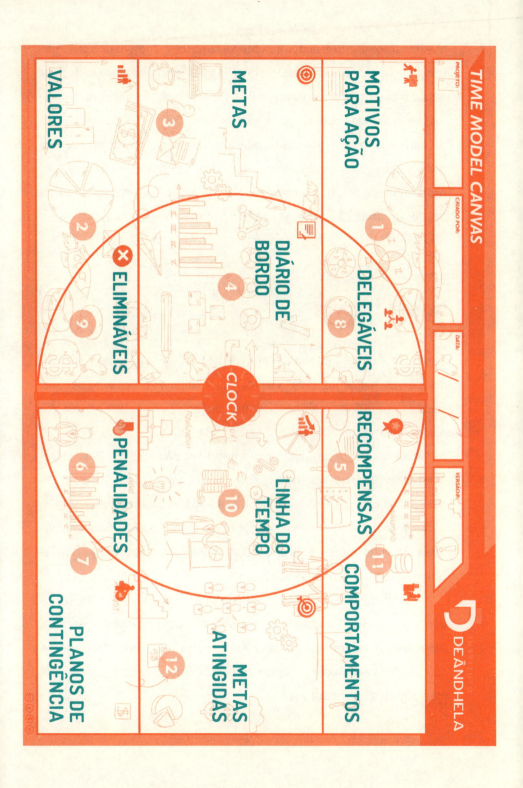

que, mesmo na correria diária, você se lembre do motivo de estar neste mundo e acenda a chama interior. Se você ainda não tem certeza de qual é o seu propósito, mantenha a calma e continue a leitura. Falaremos muito ainda sobre ele ao longo deste livro.

Um ritual que faço todos os dias é ler o meu propósito em voz alta, porque saber os nossos sonhos e anseios é o pontapé inicial para uma produtividade eficaz. Como Lewis Carroll menciona em *Alice no País das Maravilhas*: "Se você não sabe para onde quer ir, qualquer caminho serve".

PASSO 2: VALORES

Caso esteja se perguntando a razão de haver esse espaço no Time Model Canvas, saiba que esses valores vão auxiliar você a não se sabotar, seguindo uma linha mais consistente, com disciplina pela repetição, todos os dias, daquilo que precisa fazer.

De nada adianta seguir diretrizes nas quais não acredite. Você sofrerá em dobro se fizer apenas aquilo que o mentor, o professor ou qualquer pessoa almeja. Portanto, saiba quais são os seus valores.

Você deve escolher três deles para inserir no seu TMC. Para facilitar, deixo algumas opções ilustrativas para que selecione os valores que façam mais sentido em sua visão.

Provavelmente você terá vontade de adotar vários, mas limite-se aos três, pois já começamos a exercitar o desapego e o poder de escolha, renunciando a alguma coisa em favor de outra. A recomendação final é que não ceda à tentação de se identificar com muitos e concentre-se nos mais significativos para você.

VALORES

Na lista abaixo, assinale três valores que melhor representam o seu estilo de vida:

- SER O MELHOR
- SER FELIZ
- TER PODER
- PRATICAR ESPORTES
- FAMÍLIA
- VIVER O PRESENTE
- LIDERAR
- DIVERSÃO
- EMPATIA
- HONRA
- EDUCAR
- VENCER
- APRENDER
- SENSIBILIDADE
- NUTRIR
- SENSUALIDADE
- FÉ
- DEVOTAR-SE
- AMAR
- TRADIÇÃO
- AUTORITARISMO

- CORAGEM
- CONTROLAR
- SUPERAR
- CONFIANÇA
- BRINCAR
- UNIÃO
- EMPODERAR
- CRIAR
- INTEGRIDADE
- INDEPENDÊNCIA
- APOIAR
- CARINHO
- BELEZA
- ALEGRIA
- PAZ
- VITALIDADE
- OUSADIA
- COMPREENSÃO
- OBSERVAÇÃO
- INTUIÇÃO
- HUMOR

- FAMA
- SUCESSO
- PRODUTIVIDADE
- CONTRIBUIR
- LIBERDADE
- HARMONIA
- MOTIVAR
- AJUDAR
- ORIGINALIDADE
- HONESTIDADE
- ORDEM
- COLABORAÇÃO
- LEVEZA
- ESPIRITUALIDADE

- Outros (citar):
- _____
- _____
- _____

PASSO 3: METAS

Avançamos até uma parte mais técnica e prática: as metas.

Pela minha experiência, o número máximo de metas a serem realizadas por vez são três. Isso porque quanto mais metas, menor o nosso foco. E sem foco os resultados são bem abaixo do esperado. Assim, quanto menos metas você se propor por vez, maior a probabilidade de realização com qualidade!

Por mais arrojado que você seja, não recomendo colocar em seu Time Model Canvas dez ou vinte metas de uma só vez, até porque não vai nem se lembrar de todas.

À medida que alcançar as metas que determinou no TMC, substitua por novas, visto que a ferramenta deve ser dinâmica. No gráfico, estabeleça também metas para diferentes áreas da vida. Assim como no campo dos motivos para ação, algumas perguntas podem nortear a escolha e elaborar melhor o que você deseja.

Não se apegue às opiniões ou atitudes de terceiros, mas aos seus objetivos para o futuro, e lembre-se de definir prazos. É importante avaliar quanto essas metas estão coerentes com seus valores, pois um deve reforçar o outro.

Tenha em mente que as metas precisam apontar para a direção do propósito maior de vida. Por exemplo, se os seus valores são liberdade, determinação e correr riscos, e o seu propósito é o de construir um grande legado para milhares de pessoas, será que passar em um concurso público para auditor fiscal seria uma meta coerente com os outros itens?

PASSO 4: DIÁRIO DE BORDO

A quarta etapa, o diário de bordo, forma a lista do que é crucial para que as suas metas sejam alcançadas com excelência.

Faça um *brainstorming* e comece a pensar em todas as atitudes e estratégias necessárias, as quais acabam revelando a rota para chegar ao destino estabelecido.

Perceba que são necessárias novas ações, e não aquelas que fazem parte dos seus processos diários, pois essas estão na rotina. Ative a criatividade e faça um mergulho profundo na mente. Saia do superficial para entrar no inovador.

Liste todas as tarefas que vêm à cabeça e realize-as por ordem de prioridade. Dessas ações, quais são os 20% que trarão 80% dos resultados? Aproveite para montar um cronograma e colocar na agenda o horário específico de início e entrega de cada atividade.

Investigue ainda os pontos estratégicos que permitirão organizar e tabular as informações colhidas no planejamento.

Recomendo a utilização de um placar durante a execução para avaliar, todos os dias, quão próximo você está das metas. Monitorar é a chave para o sucesso...

PASSO 5: RECOMPENSAS

Você se lembra que falamos sobre as recompensas para cada vitória? Chegou o momento de definir as suas. Elas funcionam como uma blindagem, a alavanca para garantir que as suas metas sejam realizadas.

Pense em uma recompensa para cada meta, tal qual um presente por merecimento. Quanto mais ambicioso o que estabeleceu no passo 3, melhores serão os prêmios.

Sir Isaac Newton postulou o que é conhecido como a sua terceira lei, afirmando que "toda ação gera uma reação de mesma direção e intensidade, mas em sentido contrário". O contexto aplica-se às leis da mecânica clássica, porém a lei pode ser vista por uma perspectiva mais sociológica.

Em nosso contexto, significa que o prêmio estipulado para si deve ser equivalente ao esforço dedicado para merecê-lo.

PASSO 6: PENALIDADES

Geralmente, a penalidade costuma ter uma força maior que a da recompensa, como mostrei no meu caso. Fugimos da dor, mas seu peso é tão significativo que pode provocar grande aprendizado e desejo de mudança.

Mais uma vez, é importante o autoconhecimento, visto que muitas pessoas podem ser movidas ou paralisadas por traumas e medos. O que a dor gera em você? Já parou para pensar nisso? Pode não ser algo bonito, mas é definitivamente eficiente.

O estrategista e palestrante norte-americano Anthony Robbins, por exemplo, ataca a dor das pessoas de forma única. É interessante observar as reações da multidão em seus eventos: mesmo através de uma tela, somos capazes de nos identificar com essas emoções.

Tendo em mente mais uma vez a terceira lei de Newton, as punições também devem ser proporcionais às metas não atingidas. Mas, como somos mais sensíveis à perda do que à conquista, deve-se tomar cuidado ao selecioná-las. Extremos não são saudáveis. Pense num ponto de equilíbrio e defina o que seria uma dor aplicável à situação.

Estabeleça ainda guardiões para suas metas: duas ou três pessoas que você respeita e que jamais gostaria de decepcionar. Peça a elas que cobrem você, caso não cumpra o proposto.

PASSO 7: PLANOS DE CONTINGÊNCIA

Até aqui você já construiu a meta, averiguou se está coerente com seus propósitos e valores, definiu planos de ação, delegou o operacional, estabeleceu prioridades e colocou tudo na agenda. Pensou até nas recompensas e penalidades que terá ao alcançar ou não cada uma de suas metas. Mas e se, ainda assim, der algo errado? É para isso que precisamos estabelecer planos B e C.

Ao contrário do que muita gente pensa, para sermos produtivos precisamos ter várias alternativas – e não nos atermos a só uma ideia. Isso não significa que você vá mudar seus sonhos ou metas, mas que vai alterar só as estratégias para o alcance deles.

O grande segredo das pessoas de sucesso é focar aquilo que pode ser controlado – o mercado chama isso de previsibilidade. Em vez de sofrer pelo que deu errado ou não saiu como planejado, pense no que pode ser feito para corrigir o problema.

Essa é a diferença entre o persistente, que muda as suas ferramentas quantas vezes forem necessárias, e o teimoso, que continua insistindo no mesmo planejamento que dá errado a todo instante. Quem elabora um só plano fica suscetível e assume grandes chances de não ver seu sonho se realizar.

Dificuldades no percurso são mais comuns do que imaginamos, mas, quando prevemos possibilidades e nos antecipamos a elas, tudo fica melhor. Tenha persistência suficiente para continuar agindo e vai dar tudo certo.

PASSOS 8 E 9: DELEGÁVEIS E ELIMINÁVEIS

Determinados os planos de contingência, vamos para aquilo que poderia ser eliminado ou delegado para não sobrecarregar. Você pode estar se perguntando: *Mas, após definir minhas tarefas, vou eliminar algumas delas?*

Sim, por avaliar que são menos determinantes do que acreditou a princípio, pode substituí-las por outras. E lembre-se outra vez: quais são os 20% que você deve fazer para gerar 80% dos resultados? O que queremos é trabalhar um pouco menos, ou seja, gastar menos energia para ter mais resultado.

Por vezes, de tão acostumados a fazer algo, nem pensamos no motivo para agir daquela maneira. São essas as atividades que representam todo o desperdício de tempo e que impedem a realização dos sonhos. Você perceberá ainda que algumas incumbências podem ser facilmente executadas por outras pessoas, ou seja, delegadas.

A etapa é delicada, pois envolve o comprometimento de mais alguém com o seu propósito. Quando delegamos, devemos explicar por quê, como a tarefa deve ser cumprida – e, quanto mais operacional a atribuição, mais deverá ser delegada.

Outra dica: ao delegar, preste atenção no seu tom de voz e na sua linguagem corporal, pois comunicação é um conjunto. Reserve alguns momentos para acompanhar o processo e certificar-se de que a outra pessoa sabe o que está fazendo. Pense nesse tempo como um investimento: gasta-se pouco agora, mas se economiza muito no futuro.

PASSO 10: LINHA DO TEMPO

É aqui que vamos definir o que é prioritário no nosso Time Model Canvas. Na linha do tempo, você vai colocar as atividades da semana em ordem de prioridade. De todas as ações estabelecidas no quadro, o que deseja fazer nos próximos dias?

Isso porque não basta ter um bom planejamento, é necessária uma boa execução, com acompanhamento e controle de cada item. Perceba que não precisa começar todas as ações de uma vez. Este é o momento em que você poderá visualizar e medir quantos e quais foram os passos que tomou em direção ao seu sonho.

PASSO 11: COMPORTAMENTOS

Que pessoa preciso ser para que todo o planejado se cumpra?

Nesta etapa, liste os comportamentos determinantes na sua conduta diariamente.

Se almeja uma mudança em sua vida, seja essa mudança. Comece e, na hora certa, os frutos virão.

Os comportamentos têm uma influência impactante nos resultados. Vários autores renomados mapearam os padrões comportamentais humanos que levam ao triunfo, e a realização é alcançada a partir do cultivo dos hábitos corretos.

Frequentemente sabemos o que temos de fazer, mas não somos motivados o suficiente para realizar. Com base nisso, a receita para o sucesso é simples: eu mapeio os comportamentos das pessoas que admiro e que já conquistaram aquilo que anseio conquistar. A partir daí, cultivo em mim os mesmos costumes.

Mas atenção: simples não significa fácil. Criar novos hábitos exige compromisso íntimo e foco constante. Um bom exemplo são as dietas. Perceba quão difícil é vencer as tentações, razão pela qual, em algum momento, provavelmente a pessoa dá uma falhada.

É interessante ressaltar que o segredo para o grande é o pequeno. Uma mudança de 5% nos comportamentos pode gerar uma modificação extraordinária nos resultados. Portanto, não precisa pensar em transformações drásticas, até porque elas consomem força e energia só de pensarmos no esforço que demanda. Sendo assim, suba um degrau de cada vez. No final, você se surpreenderá com a metamorfose conquistada.

PASSO 12: METAS ATINGIDAS

Está conseguindo cumprir o que está proposto no seu TMC? Ótimo! À medida que realizar suas metas, passe o post-it para o lado direito, colocando-o em "metas atingidas", o passo 12 do TMC, e comemore.

Celebrar cada conquista é importantíssimo para renovar a energia e obter mais resultados.

Pronto, com todos os quesitos preenchidos, você tem, de uma forma sucinta e direta, os principais pontos para avançar nos aspectos pessoal e profissional.

E agora, o que fazer?

Todos os dias você deve olhar seu TMC, focando principalmente alguns critérios. Pela manhã ou no momento que precise de motivação, leia seus motivos para ação. Leia em voz alta, acreditando – estudos da programação neurolinguística, a PNL,[7] comprovam que faz grande diferença.

Relembrados seus propósitos, o foco deve ser a linha do tempo, na qual você verá suas prioridades. Se a preguiça bater, lembre-se dos seus valores e dos resultados. Mais que isso, das suas alavancas: as recompensas e as penalidades.

Assim, você consegue três ganhos: o da premiação, o de não enfrentar a punição e aquele de ter a meta – determinada por você, e não pelos outros – realizada, o que traz ainda vários outros benefícios. Então, mãos à obra, é o seu momento de realizar!

Por fim, caso queira conhecer, apresento a seguir outros modelos de *canvas* muito úteis. Do contrário, se assim preferir, pode saltar até o próximo capítulo, no qual mais lições selecionadas esperam o seu olhar atencioso.

BUSINESS MODEL CANVAS

É o *canvas* mais conhecido atualmente. Criado de forma colaborativa por mais de 470 pessoas de 45 países diferentes, ele é específico para a modelagem (construção) de negócios. Até o surgimento dele, enfrentávamos desafios para ensinar, planejar e até mesmo executar projetos.

---

[7] THE SCIENTIFIC truth behind 'Fake it till you make it'.: Cognition Today, 2018. Disponível em: https://cognitiontoday.com/2018/12/the-scientific-truth-behind-fake-it-till-you-make-it/. Acesso em: 4 mar. 2020.

SIMPLES NÃO SIGNIFICA FÁCIL. CRIAR NOVOS HÁBITOS EXIGE COMPROMISSO ÍNTIMO E FOCO CONSTANTE.

O modelo trouxe uma visão linear, utilizando o design como ferramenta para simplificar a execução, identificar gargalos e até mesmo prever desafios e objeções.

Assim, transformamos o difícil em fácil e o complexo em simples – e, como no TMC, você pode ajustá-lo a qualquer tempo e de maneira dinâmica. A ferramenta nos permite, na mesma tela, entender de maneira intuitiva, prática e visual, todo o cenário de um negócio, favorecendo o trabalho em equipe e muito mais.

BUSINESS MODEL YOU

Esse é um dos *canvas* que mais aprecio. É uma releitura do Business Model Canvas, aplicado ao modelo de negócio pessoal, ou seja, à forma como um profissional autônomo vai modelar o negócio, seja por meio de imagens do empreendedor, seja por serviços, seja pela postura dele dentro do ambiente familiar. Foi desenvolvido pelo dr. Timothy Clark.[8]

---

8   CLARK, Timothy. **Business Model You**: A One-Page Method for Reinventing Your Career. Nova Jersey: John Wiley & Sons, 2012. 257 p.

5

O MAPA DA REALIZAÇÃO E OS CINCO Ps DA PRODUTIVIDADE

Tendo dedicado mais de uma década a estudar produtividade e entender o que leva pessoas comuns a se tornarem ricas e felizes, descobri um padrão: todas passam pelo mesmo caminho para chegar à realização.

Diante disso, resolvi criar um mapa para que ficasse mais claro e fácil para todas as pessoas seguirem a trajetória. É o que chamo de Mapa da Realização, recurso que pretende tornar o meu semelhante mais produtivo e realizado, além de mais próximo de seus sonhos.

PRIORIDADE, O PRIMEIRO P

O mapa é dividido em cinco etapas que, não por coincidência, chamei de **cinco Ps da produtividade**.

O primeiro P, a prioridade, concentra-se em priorizar tarefas para ser mais produtivo. Não é novidade que muita gente desconhece como é crucial reconhecer o que deve deixar de fazer. Aliás, é tão importante quanto identificar por onde começar. A ideia do primeiro P é constatar o que de fato é fundamental e o que poderia ser eliminado ou delegado.

Vou apresentar uma fórmula que vai facilitar todo o processo, desde a construção do seu propósito até o EPD, *Estabelecimento de Prioridades*

Determinantes, que oportuniza uma seleção criteriosa das suas atividades e dá a sensação de mais controle sobre a vida. Não se preocupe, pois vamos estudar tudo isso alguns capítulos mais adiante.

PERSONALIZAÇÃO, O SEGUNDO P

Todos os dias, novos métodos surgem para aumentar a produtividade, mas 90% deles não são adequados ao nosso perfil.

Assim como o médico que faz o diagnóstico para saber que remédio receitar, precisamos buscar o autoconhecimento para definir a melhor estratégia a ser utilizada. Ainda nessa analogia, a automedicação pode ser um perigo.

Para ser mais produtivo, multiplicar os ganhos e ter mais tempo, você precisa adequar as técnicas de produtividade às suas preferências cerebrais. Em alguma medida, você já teve contato com essa necessidade nos capítulos anteriores, e agora proponho que fixe a necessidade na mente.

PROTEÇÃO MENTAL, O TERCEIRO P

Todos os dias, somos bombardeados por milhares de informações vindas de todas as partes do mundo, por pensamentos internos destrutivos e por vários ladrões do tempo. Se nos permitirmos ficar vulneráveis a todos eles, é bem provável que nenhuma metodologia funcione. Portanto, o terceiro e mais efetivo passo é se blindar, conhecendo o funcionamento do cérebro e entendendo como é possível ter uma mente inabalável.

Chegar a esse nível não é fácil e requer que se trabalhe bastante a força interior. Você não pode, por exemplo, dar ouvidos a quem não

chegou aonde você quer chegar, nem deixar falar mais alto seu crítico interno, aquela vozinha que critica o tempo todo e, muitas vezes, até paralisa.

Eis a maior batalha que enfrentamos todos os dias e, para ganhá-la, é preciso saber como construir uma mentalidade blindada e traçar planos de ação para o sucesso.

PERFORMANCE, O QUARTO P

O que faz um advogado cobrar R$ 300,00 por hora, enquanto outros cobram R$ 1.000,00 e ainda têm fila de espera?

Por que um professor ganha R$ 20,00 por hora/aula enquanto seus colegas de profissão recebem até trinta vezes mais?

Essa diferença é o valor da alta performance. Para dominar formas de alcançar resultados extraordinários gastando menos energia, você precisa cuidar da sua.

Antes de crescer na área de vendas, como cheguei a relatar no início deste livro, fazia mais ligações e visitas que qualquer um, mas não conseguia me destacar nem ficar em primeiro lugar no ranking. Por quê? Porque me faltava performance e eu não tinha as estratégias adequadas.

No entanto, saiba que é possível trabalhar menos e ter mais entrega, consistência e resultado. Esta é a beleza da produtividade: quando há performance, é fácil ganhar dinheiro e conquistar oportunidades.

PACIÊNCIA, O QUINTO P

O que uma semente precisa para virar árvore e dar frutos? Água, nutrientes e **tempo**. O mesmo acontece com os seus projetos, que preci-

sam de tempo para dar resultados, pois ser produtivo nem sempre é fazer rápido, mas fazer certo, o que exige tempo.

Na ânsia de querer ser muito produtiva, a pessoa impaciente coloca tudo a perder, se afoba, não deixa as coisas amadurecerem, minando a produtividade e priorizando a ansiedade.

É preciso ter consistência para alcançar resultados, com um passo de cada vez – e bastante resiliência.

Usain Bolt treinou por quatro anos para reduzir seu tempo na pista em um segundo. Eu investi dez anos para me consolidar como palestrante internacional. A Nintendo, há mais de um século se reinventa e trabalha duro para ser uma das maiores empresas de entretenimento do mundo.

Dê tempo ao tempo – e foco no que precisa ser feito! A paciência é um dos pilares que você verá em todos os passos.

Juntos, os cinco Ps são imprescindíveis para alcançar a verdadeira produtividade. Depois de aplicá-los, você poderá começar a colher os frutos por ter se tornado realmente produtivo e realizado.

Até aqui, tudo foi apenas a porta de entrada para que você vá se familiarizando com as temáticas que vamos tratar. Ao longo dos próximos capítulos, vamos entrar a fundo em cada uma delas, abordando o passo a passo das técnicas que você merece conhecer.

Não tenha medo de se abrir e rever antigos hábitos para que, com uma nova mentalidade, possa se tornar realizador.

Sei que, assim como eu, você também é capaz de alçar voos maiores.

Quando conseguir, muitos vão pensar que teve sorte, mas sabemos que se dedicou e aproveitou cada oportunidade para se aprimorar. O que importa, ao final, é estar mais feliz e com mais tempo, dinheiro e disposição para fazer o que gosta.

COMO APRENDER A PRIORIZAR SONHOS E PROPÓSITOS

Basta olhar o mundo dos milionários e um pensamento vem à mente: *Como conseguem fazer tudo o que precisam em apenas um dia?*

O fato é que, apesar de o tempo ser democrático, com 24 horas para todos nós, eles ficaram ricos e poderosos porque aprenderam a estratégia: você não precisa fazer tudo.

Pode parecer difícil assimilar, mas a verdade é que você não necessita dar conta de tudo o que aparece, mas sim daquilo que é certo – e certeiro.

As pessoas ricas sabem terceirizar muito bem e conseguem eliminar tarefas que não precisam ser realizadas.

Afinal de contas, se pensar com atenção, quantas atividades você faz que nem deveria? E quantas vezes as cumpre com excelência? Quando agimos assim, estamos perdendo nosso tempo, querendo abraçar o mundo e, no final, tendo uma experiência que não é das melhores.

Sim, também é verdade que milionários têm condições de contratar alguém para delegar atribuições, o que pode não ser o seu caso. Ainda assim, existe solução.

Uma delas é firmar parcerias com quem está mais próximo, como amigos, familiares e companheiros. Vizinhos podem fazer um acordo para um levar os filhos do outro à escola, alternando a função a cada semana.

É pensando com mais criatividade que descobrimos estratégias antes não imaginadas que podem nos fazer ganhar mais tempo, dinheiro, resultado e saúde.

Estudando o caminho das pessoas ricas, bem-sucedidas, que são realizadas de fato, e tentando entender o que elas têm em comum, percebi mais alguns pontos.

O primeiro é a ordem dos fatores: não é só ter dinheiro que as permite terceirizar tarefas, mas o fato de que, um dia, elas tomaram essa decisão. Por mais que seja complexo absorver isso agora, a lógica é inversa: primeiro decidiram delegar e só depois passaram a ter sucesso. Sem dúvida, foi necessária a continuidade do hábito, pois sem persistência não existe resultado.

Tenha em mente que, quando temos muito a fazer e não sabemos nem por onde começar, a tendência natural de todo ser humano é paralisar. Nessas horas em que estamos mais atribulados – outra vez por tendência – partimos para ver televisão, entrar nas redes sociais etc.

A explicação é que, por tanta tensão, nossa mente precisa de um escape. Daí a importância de priorizar. Para isso, saiba que é melhor dar conta de uma atribuição que seja do que não fazer nada.

Está aí uma grande lição sobre o primeiro P, o da prioridade.

Se você ainda precisa de treinamento para isso, trabalhe com a seguinte pergunta: *Qual é a única coisa que deveria fazer que, se a fizesse, mudaria os resultados?*

Em vez de querer assumir tudo a todo instante, o segredo é concentrar-se naquilo que há de impactar nos ganhos e naquilo que pretende conquistar para a vida, que vai impulsionar a realização dos desejos.

A prioridade está diretamente ligada ao foco, e foco significa fazer uma coisa de cada vez – indo sempre até o final.

É essa atitude que vai transformar você em uma pessoa de sucesso, e não sou apenas eu quem está afirmando isso.

Napoleon Hill, autor do livro *A lei do triunfo*,[9] passou anos pesquisando a temática de realização pessoal e percebeu que todos os que triunfam têm um ponto em comum: sonham, realizam seus sonhos e terminam o que começam. O preceito foi apresentado pelo escritor norte-americano ainda no século passado, em 1928, mas segue atemporal.

Tudo bem, até aqui você aprendeu que precisa focar. Mas como escolher onde colocar esse foco? Como saber que atividade é realmente importante?

O desafio é grande e, se você não sabe responder a esses questionamentos, não se preocupe, pois você não está sozinho. E, por isso mesmo, existe um passo a passo para facilitar a missão.

PASSO 1: ESVAZIE A MENTE

A mente funciona como o HD de um computador. Com arquivos demais, fica lento e trava. É por isso que, quando o cérebro está lotado, o desempenho deixa de ser o mesmo. São muitos compromissos, informações e afazeres armazenados. A tendência é começar a esquecer, ficar afoito, sem saber por onde começar.

Um bom método para esvaziar a mente é utilizar pequenos pedaços de papel, como se fossem post-its. Em cada um deles, coloque um único assunto. A ideia é escrever todas as suas pendências, seus projetos e sonhos, tirar da cabeça e deixar registrado em outro "suporte".

Por que pequenos pedaços de papel? Justamente para poupar tempo. Quando fazemos essa mesma atividade em formato de lista, a tendência é não conseguir resolver tudo na ordem preenchida. Como você vai listando aleatoriamente, acaba relendo todas as tarefas que realizou,

---

9 HILL, Napoleon. **A lei do triunfo**. Rio de Janeiro: José Olympio, 2014. 672 p..

por mais que as tenha riscado. Então, posto que permanecem no campo de visão, mesmo que de maneira inconsciente, voltamos a elas. Se, por um lado é bom, uma vez que proporciona aquela sensação de vitória de ver o que se cumpriu, por outro, gastam-se minutos preciosos.

O mesmo não acontece com os pequenos post-its. Realizado aquele determinado trabalho, é hora de comemorar e jogar o papel fora, deixando o foco para o que precisa ser feito.

Essa ferramenta faz parte do método GTD, ou Getting Things Done, que pretende ensinar a utilizar o tempo com mais eficiência e, de quebra, a liberar umas horinhas a mais no dia.

A metodologia foi criada pelo norte-americano David Allen, um dos mais influentes estudiosos de produtividade em todo o mundo, e ensinada em seu livro *A arte de fazer acontecer*.[10]

Ao todo, o GTD tem cinco etapas que visam melhorar a organização e o gerenciamento de tarefas, além de minimizar a procrastinação.

Bem, aprendemos a primeira: tirar da mente todas as ideias e os afazeres. A segunda etapa é o processamento, ou seja, a análise de cada um dos tópicos, para decidir o que será feito.

Para cada item, é fundamental saber se você efetuará uma ação ou não fará nada – quando decidir não fazer nada, esses itens podem ser descartados de vez ou colocados em um índice de projetos futuros.

Quanto aos que demandam atenção, faça logo os que levam menos de dois minutos para conclusão. Postergar uma tarefa simples só vai atrasar o fluxo. Pergunte-se ainda: *Posso delegar ou adiar a tarefa e deixar agendado um novo prazo delimitado?*

A terceira etapa é a fase de organizar atividades. A metodologia sugere utilizar listas para a separação dos assuntos, de acordo com o contexto – trabalho, vida pessoal, família etc. –, assim vai ficar mais fácil encontrar as

---

10 ALLEN, David. **A arte de fazer acontecer:** o método GTD - Getting Things Done. Rio de Janeiro: Sextante, 2016.

atividades de cada ambiente, mantendo uma visão clara. Feito isso, basta partir para a execução, a quarta etapa do GTD, o momento mais importante do processo — e é agora que você começa a colocar a mão na massa.

Por fim, realize revisões periódicas semanais para que sejam avaliadas as tarefas, acrescentadas novas obrigações e conferidas aquelas que foram delegadas a terceiros.

Lembre-se de que todo esse conceito desenvolvido por David Allen não é uma técnica de organização, e sim de produtividade. De nada adianta organizar muito e executar pouco.

Quem não gosta do papel físico, pode seguir o Getting Things Done no celular. Uma boa alternativa é o aplicativo Wunderlist, que pode ser baixado gratuitamente e sincronizado com o computador para que seja acessado de qualquer lugar.

No aplicativo, é possível compartilhar atividades e agendar alertas para que você não se esqueça delas. O importante é que, em qualquer das plataformas, você coloque todos os seus deveres, dos simples aos mais complexos, das atividades que vem procrastinando até os seus sonhos.

Passando para o papel ou para o aplicativo, você não sofre tentando se lembrar de alguma coisa enquanto tanta informação circula pela mente.

PASSO 2: DESAPEGUE DO QUE NÃO É IMPORTANTE

Acabamos de falar sobre isso no GTD, e nunca é demais reforçar: tão crucial quanto esvaziar a mente e definir o que fazer é decidir o que deixar de fazer.

Será que existe algo que poderia terceirizar ou eliminar?

Se eliminasse, teria um prejuízo tão grande assim?

É provável que não. Quando temos muito a cumprir, não conseguimos dar conta de nada.

É assim que aquela pendência fica na lista durante dois, três, quatro meses. E, se está ali há tanto tempo sem trazer ou fazer diferença para a vida, por que ainda deveria fazê-la?

Se não fez falta, não acrescentou, nada mudou, então pode ser eliminada. Ou, em uma situação mais grave, é um sinal claro de que você anda procrastinando assuntos importantes, o que merece atenção e reflexão.

Meu desafio é o seguinte: descubra aquele 1% escondidinho que, se fizer, vai trazer resultados extraordinários.

Qual é a única coisa que deveria cumprir e que traria um impacto enorme?

Veja bem: você não deixará de fazer as outras. A questão é descobrir o que vem primeiro. É por esse 1% que se deve começar, esforçar e lutar. Todos os dias, ao acordar, pense na única tarefa que faria o dia valer a pena. A partir daí, vá se desapegando do que é menos importante.

No meu caso, defini que tudo relacionado aos meus sonhos, objetivos e projetos é fundamental. Se impactar positivamente, é prioridade. Isso serve para tudo, de livros a experiências. Vou contar um caso pessoal...

Sempre gostei de estudar e aprender, o que pode ter seu lado bom e também o ruim. Certa vez, decidi entrar em um curso de mecânica automotiva. Pode parecer loucura, mas é verdade.

Queria chegar à oficina e entender tudo o que me dissessem. No final, gastei tempo, dinheiro e energia fazendo algo que não teve utilidade alguma – hoje, não sei o nome de nenhuma peça e muito menos trocar um pneu.

Por que gastei tempo com isso? Coloquei na cabeça que não seria enganada, caso o meu carro quebrasse. A experiência só confirmou o uso errado de recursos.

É uma questão que todos podem pensar. Será que você tem feito escolhas que levam em direção aos seus sonhos e projetos? Do que

poderia desapegar e o que deveria realmente fazer para que todo o resto se tornasse fácil e até desnecessário? É preciso ter essa clareza.

Uma ferramenta que pode ajudar é a Roda da Prosperidade. Minha recomendação é que a preencha e veja a área da sua vida que quer tratar como prioridade para, a partir disso, traçar um plano de ação.

AVALIAÇÃO
De 0 a 10, qual é o seu nível de satisfação com o tempo dedicado a cada uma destas áreas?

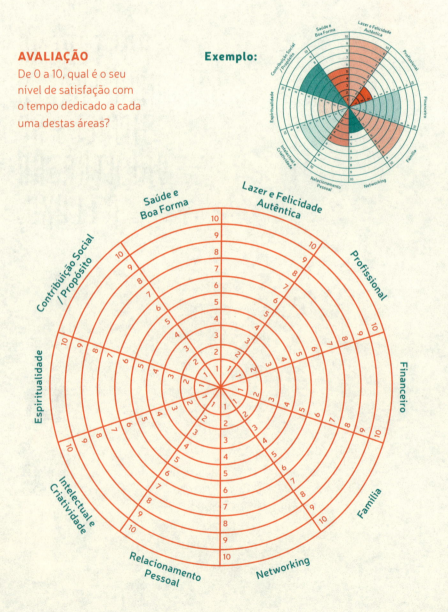

Estabelecida a prioridade, é hora de começar a dizer não para todo o restante e exercitar o foco, fazendo um filtro das atividades.

Imagine que seu dia é um pote e tudo o que deve realizar são as pedras, cascalhos, areia e água que você pode colocar no pote. Uma maneira inteligente é colocar primeiro as pedras maiores. Em seguida, adicione os cascalhos. A areia pode ser despejada sobre esse conjunto e se assentará entre os espaços vazios. Por fim, a água se infiltrará onde for possível. A analogia nos mostra perfeitamente o conceito de priorização.

Pedras grandes são obrigações mais importantes e exigem mais da capacidade física, mental ou emocional. Pode ser a execução da etapa importante de um projeto ou a produção de um conteúdo. Cascalhos são aquilo que é importante, mas que não precisa ser feito imediatamente, como reuniões e relatórios. A areia representa coisas triviais, como acessar e-mails, enviar recados. A água é tudo o que não é urgente ou o que pode ser deixado para depois – acessar redes sociais, ver TV etc.

PASSO 3: TENHA UM PROPÓSITO DE VIDA

Agora que esvaziou a mente, fez um planejamento e aprendeu a estabelecer prioridades, entra em jogo mais uma peça fundamental da produtividade: o estabelecimento de um propósito de vida.

Tratei a questão em meu primeiro livro, *Faça o tempo trabalhar para você*, mas esse é um conteúdo imprescindível a quem deseja prosperar, pois é o que dá sentido a tudo.

Já reparou que, muitas vezes, sabemos o que precisa ser feito, mas não temos força, disposição e vontade?

É necessário um propósito que leve para a frente, que impulsione na direção certa. Sem ele, a tendência é procrastinar.

Há uma frase do psiquiatra austríaco Viktor Frankl que exemplifica o que estamos tratando agora: "Quem tem um porquê enfrenta qualquer como".

Sem um porquê, um motivo impactante para acordar, sem uma alimentação saudável e um trabalho movido por propósito, é difícil enfrentar os tantos "como" que surgirão a cada hora do dia.

Precisamos de uma chama a aquecer o coração e a razão, até porque todo "como" geralmente vem cercado de barreiras e espinhos. Para encará-los e estabelecer um plano de ação que funcione, necessitamos de força.

Descobrir tudo isso exige um mergulho profundo dentro de si, buscando o autoconhecimento para identificar qual é a sua paixão, aquilo que dá ânimo e estímulo para enfrentar tudo o que surgir.

Para auxiliar as pessoas, muitos *coaches* usam a seguinte pergunta: se você tivesse todo o tempo e dinheiro do mundo, o que gostaria de fazer ao longo da vida?

O que você responderia diante de tal pergunta? A partir daí, começamos a encontrar o motivo de estarmos neste mundo. O nome disso é propósito. Descobri-lo não é tarefa fácil, mas prometo que, em cada página e até o fim, procurarei ajudar você a encontrar o seu.

COMO DESCOBRIR O PROPÓSITO DE VIDA

Você sabia que, a cada minuto, o empresário Bill Gates ganha cerca de R$ 100 mil? O dado consta em um levantamento da revista *Época Negócios*,[11] e significa que o vice-líder na lista dos homens mais ricos do mundo – atrás de Jeff Bezos, da Amazon – poderia comprar um carro

---

11 10 fatos surpreendentes sobre a fortuna do bilionário Bill Gates. In: Época Negócios Online. 23 mai. 2019. Disponível em: https://epocanegocios.globo.com/Dinheiro/noticia/2019/05/10-fatos-surpreendentes-sobre-fortuna-do-bilionario-bill-gates.html. Acesso em: 25 fev. 2020.

utilitário a cada sessenta segundos. Se você está pensando quanto ele é sortudo, saiba que não é bem assim.

Não se trata de quanta sorte ele teve, mas do caminho que trilhou. O que fez pessoas como ele, Warren Buffett, Mark Zuckerberg, Larry Page, Jorge Paulo Lemann, Joseph Safra e várias outras ganharem tanto dinheiro?

Todos têm um objetivo específico de vida – o primeiro passo da produtividade. Isso porque não há como fazer gestão do tempo sem estabelecer uma meta, sem saber, nos mínimos detalhes, o que se quer, aonde deseja chegar, em quanto tempo.

Temos um fato: o tempo nunca trabalhará para você, nunca estará ao seu lado, ajudando-o a prosperar e ganhar dinheiro para realizar sonhos, se você desconhecer o seu propósito.

Pense em algo amplo, pois é aquilo que desejamos fazer e que vai durar mais do que nossa própria existência. Como já foi dito, identificá-lo nem sempre acontece de forma natural. Assim como na priorização, podemos utilizar um passo a passo. Nas páginas a seguir, vou mostrá-lo. Antes da atividade em si, porém, gosto de começar pela preparação do ambiente.

Caso aprecie trabalhar ouvindo música, coloque um fundo musical que fará você sentir inspiração. É preciso que esteja aconchegado e à vontade. Para aqueles que preferem silêncio, não há problema. De toda forma, é importante que não haja interrupções, pois é um momento de "reunião consigo mesmo".

Particularmente, prefiro regiões de muito verde, como parques. Para quem mora no litoral, uma boa alternativa é a praia. O ideal é que escolha um local em que se sinta bem.

Se não tiver nada assim por perto, não precisa (nem deve) esperar as férias para construir seu propósito. Faça esse exercício em casa, no trabalho, desde que não procrastine.

Meu conselho é que prepare o espaço com o que deseja ver e ouvir para que se sinta inspirado. Não faça nada de maneira superficial, e recomendo que gaste pelo menos de três a cinco minutos em cada passo.

PASSO 1: O QUE GOSTARIA DE OUVIR EM SEU ANIVERSÁRIO DE 80 ANOS?

O aniversário de octogenários costuma ser uma grande festa com a família, amigos, colegas, pessoas que fizeram parte da vida e da jornada do aniversariante.

Os familiares fazem homenagens, contam histórias, falam da percepção a respeito de quem aniversaria. Agora, pergunto: o que você gostaria de ouvir se fosse a sua comemoração?

Para algumas pessoas, não é simples descobrir a resposta. É ainda mais difícil quando nunca se pensou sobre um assunto como esse. Mas não desanime, pois esta é uma ótima oportunidade.

Vá anotando palavras, frases, expressões, mesmo que de forma aleatória – tenha em mente que qualquer coisa que você escreva ficará guardado para você, então não é preciso se preocupar com opiniões e julgamentos. O propósito é seu.

Comece a viver e ter essa imagem clara na mente, pois é nela que descobrirá sua definição de sucesso. Ajuda muito escrever o que realmente deseja em uma declaração de missão pessoal, na qual pode deixar claro seu objetivo, caráter, intenções e contribuição. O conjunto disso deverá se tornar a base, tanto para decisões importantes quanto para as pequenas escolhas diárias.

Caso não consiga ter clareza, podemos partir rumo ao plano B. Se o seu aniversário de 80 anos não foi um gatilho forte o bastante para levá-lo ao seu propósito, imagine, então, seu velório.

O que você gostaria que as pessoas falassem para os seus familiares, filhos e amigos?

Não é algo que se consiga identificar de imediato, mas será um ponto de partida. A ideia é que, em cada tomada de decisão, você possa refletir um pouco mais, numa construção que começa aqui, mas não precisa necessariamente terminar aqui. O nome disso é legado.

PASSO 2: QUAIS SÃO SEUS MODELOS?

Quem é uma referência para você, uma fonte renovável de inspiração? Pense em seus modelos – eles podem ser da família, um professor, um colega de trabalho, uma celebridade, mas deve ser alguém que você enxergue como um guia para aquilo que almeja alcançar. Anote três nomes e, depois de cada um, três qualidades que justificam a sua admiração.

É provável que as características se repitam. Ou seja, existem qualidades que, para você, são fortes, que você realmente valoriza. Esses pontos em comum dizem bastante a respeito de quem você quer ser. A vantagem dessa clareza a respeito dos três modelos é que, em momentos críticos, podemos usá-los como um norte, pensando no conselho que essas figuras dariam.

É bem possível que comece a perceber, cedo ou tarde, que as respostas estão, na verdade, dentro de você, esperando que você saia do problema para enxergar a solução.

PASSO 3: QUAIS SÃO SUAS HABILIDADES-FOCO?

Em meus cursos presenciais, costumo ver o desespero de alguns participantes quando chegamos ao tópico em questão. Muitos ficam perdidos, sem saber o que dizer.

Meu conselho é: empenhe-se a pensar em três talentos seus, três qualidades pelas quais é reconhecido e admirado. Quem convive com você conhece esses talentos. Faça uma "pesquisa de mercado" para identificar como as outras pessoas percebem você.

Por mais que seja exigente e crítico consigo mesmo, saiba que todo ser humano tem qualidades e pontos a melhorar. Reflita sobre os elogios que já recebeu e os momentos de vitória que celebrou.

PASSO 4: QUAL SERIA A FRASE DE INTRODUÇÃO DO SEU PROPÓSITO?

Vamos conferir alguns exemplos capazes de inspirar:

- Vou impactar a vida das pessoas por meio de...
- Vou ser um exemplo de líder, tendo como princípios...
- Vou iluminar o caminho das pessoas por meio de...
- Vou promover uma mudança usando...
- Serei referência por meio de...
- Vou promover resultados através de...
- Serei um exemplo de pessoa criando...
- Deixarei um legado grandioso através de...

Escolha uma das frases ou a que você desejar para a introdução do propósito, que, é bom ressaltar, deve ser feito por escrito. Por mais que possa melhorá-lo com o tempo, é importante escrever, ter um esboço.

Adote uma dessas sentenças como sua. Se quiser trocar uma palavra ou outra, não há objeção alguma.

Logo depois, entram as três qualidades que você escolheu e, em seguida, escreva o seguinte: *Para que assim eu possa ser lembrado como...* O *brainstorming* sobre os seus 80 anos será a conclusão.

Recapitulando, para a construção do seu propósito, você deve cumprir as seguintes etapas:

1. O que você quer ouvir no seu aniversário de 80 anos? O que as pessoas falarão de você em seu velório?
2. Quem são os seus modelos, referências e inspirações? Liste três pessoas e três qualidades de cada uma delas.
3. Pense em habilidades ou talentos pelos quais quer ser reconhecido.
4. Escolha uma das frases de abertura apontadas.
5. Complemente a sentença com a frase do meio (suas três habilidades).
6. Para caminharmos em direção à conclusão, escreva a seguinte frase: "Para que assim eu possa ser lembrado como...".
7. Conclua o "como" com uma frase de fechamento do que deseja ouvir em seu aniversário de 80 anos.

Sua missão:
_____
_____
_____
_____

Compartilho minha própria missão para que você também consiga fazer a sua.

Deixarei um legado grandioso através de entusiasmo, determinação e inspiração para que, dessa forma, eu possa ser lembrada como uma mulher que potencializou o talento e a genialidade das pessoas, contribuindo assim para um mundo melhor.

Perceba que a minha profissão, o que já faço hoje, ensinando as pessoas a serem mais produtivas e felizes, foi escolhida para atender o meu propósito de vida.

Agora, com o seu definido, deixe-o sempre à vista. Deixe como descanso de tela do computador, no guarda-roupa, na mesa do trabalho, em um lugar onde possa ler e lembrar-se todos os dias. Isso vai gerar mais motivação, ânimo, força de vontade e disposição, além de ajudar na hora de estabelecer seus objetivos, até mesmo quando precisar dizer "não" para aquilo que não importa, determinando prioridades e economizando tempo.

Esse é o poder da prioridade, abrace-o e sinta o poder dele...

SAIBA ESTABELECER SUAS METAS

Ter a consciência de onde estamos e dos pontos onde erramos é o primeiro passo para evoluir. Acontece que, ainda mais importante, é a eficácia que alcançamos no dia a dia.

Pessoas que possuem consciência, mas não têm eficácia – e nem buscam métodos para desenvolvê-la – não conseguem se destacar.

Aprecio bastante o poder da palavra "eficaz" porque ela está diretamente ligada aos resultados, aos frutos que conseguimos obter.

No mercado competitivo, empresas clamam por eficácia. Antes de mais nada, preciso logo dizer que direção é muito mais importante que velocidade.

De que adianta ir rápido demais, em um caminho oposto ao destino desejado? Ser veloz, mas indo na direção errada, nunca é bom. É aí que entram as metas: são elas que vão marcar o sentido correto e nos ajudar a ser eficazes, iluminando o rumo para que possamos chegar ao objetivo final.

Para transformar o tempo em combustível do sucesso, multiplicando seus ganhos, é necessário que objetivos, metas, propósito, missão e valores estejam alinhados. Caso contrário, é bem provável que termine por se sabotar no meio do processo.

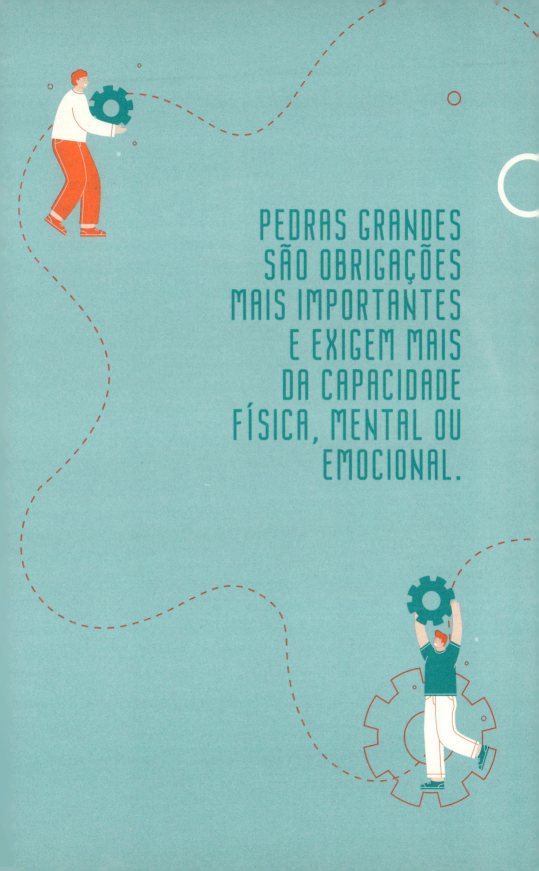

Isso explica, inclusive, porque determinadas pessoas definem metas, mas não conseguem segui-las. É porque há um desalinhamento – sendo assim, é imprescindível o autoconhecimento, a fim de perceber se tudo está colaborando para o resultado.

Na minha vida e na minha empresa, aplico o que chamo de Metas Crucialmente Definitivas, ou MCD. A metodologia pode ser utilizada tanto no campo profissional quanto no pessoal e se baseia em três pontos importantes.

O primeiro é a quantidade de metas. Ter muitas não é nada bom, pois onde estaria o foco? É preciso que conheça todas e defina prioridades. A quantidade ideal é de três metas por período – que pode ser de um ano, um mês ou uma semana, a depender de sua escolha. Somente depois de concluir as primeiras metas com excelência é que deve partir para as seguintes.

O segundo aspecto relevante a se observar é a diferença entre metas e tarefas – as últimas são as atividades que você executa no dia a dia, não necessariamente geradoras de resultado. Já as metas estão diretamente ligadas ao rendimento, ao que se quer alcançar, por isso se mostram tão fundamentais no processo de produtividade e na busca por eficácia.

Vamos exemplificar: ligar para clientes é meta ou tarefa? A resposta é que se trata de uma tarefa, um trabalho operacional, até porque posso ligar para toda a minha agenda e não obter ganho algum.

Como transformar a tarefa em meta? Estimando um resultado. No mesmo exemplo, vamos estabelecer que você fará cinquenta ligações no dia, com o intuito de fechar no mínimo duas vendas. Se a quantidade se mostrar pequena, você pode aumentar para setenta ou noventa ou, ainda, decidir que vai para casa quando concretizar essas duas vendas, ou seja, quando alcançar o benefício que deseja. Assim, cria-se uma série de atribuições e estratégias para alcançar os resultados.

O terceiro ponto do MCD é a análise de como ter uma meta que possa virar um projeto lucrativo. Como estabelecer uma intenção que realmente vá despertar o plano de ação, a motivação, e que no final de determinado período, possa avaliar e perceber que conseguiu realizá-lo? Em resumo, quanto mais detalhada e específica a meta, maior a chance de alcançá-la com êxito.

Todo ano faço uma reunião com a minha equipe, em que transformamos um sonho em meta e criamos um plano de ação para cumpri-la. Por exemplo: trocar o carro, viajar ao exterior, dar entrada em um apartamento. O importante é que cada um defina o que almeja alcançar e tenha aquilo bem delineado.

Caso seja comprar um novo veículo, deve-se especificar marca, modelo, valor. Aqueles que ainda não têm essa clareza ganham uma semana para andar pelas concessionárias e pesquisar. São sete dias para trazer tudo detalhado e, então, vamos analisar se é viável.

Para isso, trabalhamos com a ferramenta Smart, uma forma eficiente para a criação de metas espertas, que são avaliadas e precisam se enquadrar em cada um dos itens dessa espécie de *checklist*, no qual cada letra da sigla possui um significado.

A começar pelo S, do inglês *specific*, ou seja, a meta precisa ser específica. É fundamental que todos os envolvidos tenham claro entendimento do que se trata e do que é preciso cumprir.

Já o M vem de *measurable*, ou mensurável, pois não adianta estabelecer algo que não possa ser medido. Para que uma meta seja mensurável, deve-se responder a algumas perguntas, como o resultado esperado e o tempo necessário para que seja alcançada.

Com essas interrogações resolvidas, temos o A, de *attainable*, ou atingível. Para que criar uma meta impossível? Tenha em mente que pode ser muito prejudicial para você e a equipe, pois gera desmotivação e frustração.

Chegando ao final da sigla, aparecem o R, de *relevant* – quanto mais relevante for esse objetivo, mais motivados estarão os envolvidos – e o T, de *time-based*, ou, em bom português, temporal.

Esse último ponto é extremamente importante, visto que qualquer meta traçada deve ter um prazo para ser concluída, evitando o risco de acontecer em um dia qualquer, um mês, um ano ou, quem sabe, nunca, afinal, não há clareza sobre início ou fim.

Na hora de estabelecer uma meta, pergunte-se: é específica e detalhada, mensurável e atingível?

Pode ser que talvez queira comprar uma Ferrari no final do ano, mas cabe no bolso? Do contrário, o que fazer de forma realista para que ninguém se frustre? Além disso, a Ferrari é mesmo relevante, vai motivar a sair da cama todos os dias? É temporal, permitiria firmar um prazo bem delineado?

Apesar de parecer trabalhoso, tudo isso pode ser bastante prazeroso. Ao estabelecer esses pontos, a chance de alcançar o sucesso é maior. Além disso, quando mentaliza o sonho, você acelera a concretização, pois cria meios e condições de realizá-lo.

Estudos da programação neurolinguística[12] mostram que a mente não sabe separar o real do imaginário e, só de imaginar uma realidade, ela se torna mais palpável. Com uma meta muito vaga, isso não acontece e temos a sensação de que tudo está muito longe, distante.

Outra orientação valiosa é compartilhar objetivos com terceiros. Ao se comprometer com o outro, você aumenta em 95% as chances de realização. Encontre alguém que possa ser seu anjo, um guardião para cobrar se você está realizando o que se comprometeu a fazer. Se escreveu tudo, visualizou, mentalizou, comprometeu-se com outras pessoas, não tem erro, mais cedo ou mais tarde, vai realizar — e, aposto, antes do que imagina.

Mas lembre-se que estabelecer metas é saber priorizar. Então, comece agora, cravando para si três metas menores, que possa cumprir

---

12 BUNN, Tom. **When Imagination Is Mistaken For Perception**: Does the plane fall out of the sky? Only when imagination and perception merge. [S. l.]: Psychology Today, 4 mar. 2020. Disponível em: https://www.psychologytoday.com/intl/blog/conquer-fear-flying/201302/when-imagination-is-mistaken-perception. Acesso em: 4 mar. 2020.

em um mês, para ajudar também a exercitar a capacidade de dividir objetivos em partes menores e mais factíveis. Pegue seu intento de um ano e veja que resultado precisa obter em trinta dias para que, no final desses doze meses, ele esteja completo.

Muitas vezes, procrastinamos porque achamos que temos tempo demais e, ao trazer o que precisa fazer para mais próximo de si, esse comportamento diminui. Vá além e veja o resultado que precisa ter por semana e, depois, por dia.

Vamos parar de procrastinar e começar já? Se plantar hoje, garanto que em breve iniciará a justa colheita...

O PRINCÍPIO DE PARETO E AS ECONOMIAS BURRAS

Como ficou bem claro, definir metas tem tudo a ver com priorizar, tema importantíssimo que pode ganhar mais força com o Princípio de Pareto.[13]

Vamos entender de que forma a lei de Pareto se aplica à produtividade e a dizer não para as economias burras.

Sem dizer não, é impossível tanto fazer com que o tempo trabalhe para você, agindo a seu favor, quanto aproveitar esse preceito, para que o ajude a enriquecer.

Pareto foi um economista italiano que, a partir de muitos estudos, chegou a uma conclusão bem inteligente: descobriu que 20% das causas são responsáveis por 80% das consequências. Essa máxima é famosa no meio empresarial. Não entendeu? Bom, o que ele percebeu foi que 80% da renda do mundo está concentrada na mão de uma minoria que representa 20% da população.

---

[13] KOCH, Richard. **O princípio 80/20**: Os segredos para conseguir mais com menos nos negócios e na vida. Rio de Janeiro: Gutemberg, 2015. 256 p.

Longe de representar a novidade do século, é a famosa desigualdade social. Mas Pareto interpretou a desigualdade e constatou que se pegássemos toda essa riqueza e distribuíssemos de maneira justa, depois de um tempo, 80% do patrimônio estaria novamente na mão de 20%. É uma lei tão certeira quanto a da gravidade.

Foi assim que o italiano percebeu que a métrica 80/20 funciona em outras realidades, outros mercados, e não só quando se trata da riqueza mundial.

Por exemplo, você sabia que 80% do faturamento, das vendas de uma empresa, vem a partir de 20% dos consumidores? É por isso que bancos desenvolvem serviços especiais, voltados aos consumidores responsáveis pelo lucro — e que, na visão deles, merecem atendimento diferenciado, até como forma de fidelização.

Para além do ambiente empresarial, a mesma regra é perfeitamente aplicável à produtividade na gestão do tempo. Dentro das 24 horas disponíveis por dia, 20% das nossas ações são responsáveis por 80% das consequências alcançadas.

Analisando um pouco melhor, 80% do que fazemos é menos significativo. Em alguns casos, arrisco dizer, até desnecessário.

Diante disso, comece a mapear o seu dia. Faça um diário e relate o que foi bom e o que merece ser melhorado.

Tente analisar quanto tempo é gasto em cada atividade e quanto tempo desperdiçado poderia ser aplicado em algo que trouxesse resultados financeiros ou de qualquer natureza.

Com uma semana de dedicação, você consegue esse mapeamento para identificar os gargalos e saber onde pode focar mais.

A partir daí, começamos a identificar as economias burras. Em diversos momentos esquecemos que tempo também é dinheiro — e, mais que isso, é vida.

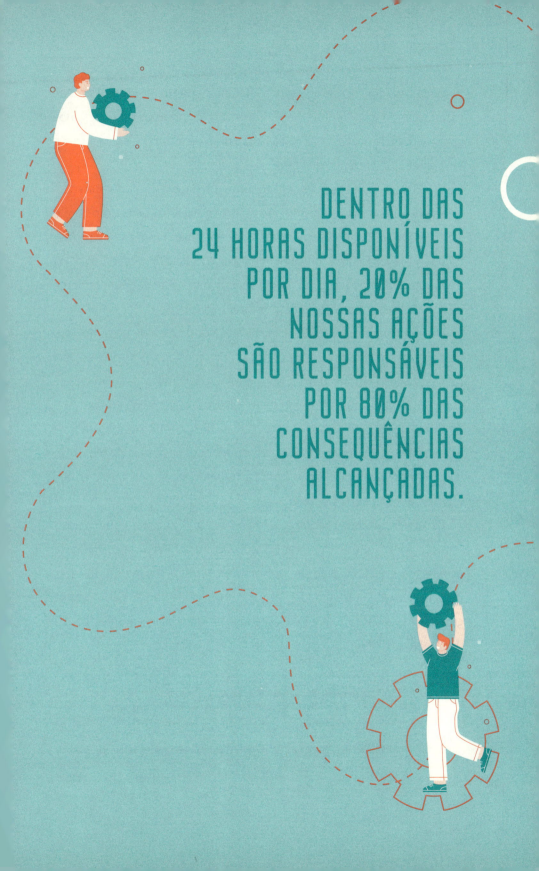

Cada vez que perdemos tempo, estamos perdendo vida. Por que estou dizendo isso? Muitas vezes queremos economizar dinheiro e nos esquecemos de avaliar o valor da nossa hora de trabalho. Pense nisso e vai perceber a diferença que fará.

Em 2015, a *Folha de S.Paulo*[14] apontou um dado assustador: um norte-americano produz o mesmo que quatro brasileiros! De acordo com o *G1*,[15] em 2019 o Brasil estava em 71º lugar no ranking mundial de produtividade. Muitos fatores contribuem para isso, claro, como tecnologia, infraestrutura e transporte. São questões que não dependem diretamente de nós. Outras, entretanto, podemos dizer que sim.

Na minha opinião, isso diz respeito ao valor da hora de trabalho. Nos Estados Unidos, eles recebem por hora, têm a consciência de quanto perdem caso desperdicem dez ou quinze minutos. O mesmo não acontece conosco, uma vez que, em geral, costumamos receber mensalmente.

O fato de considerarmos essa divisão do tempo muito maior, em trinta ou trinta e um dias, nos faz negligenciar pequenas fatias do tempo. E, descobrindo o valor da nossa hora de trabalho, podemos ver se temos feito economias burras ou não.

Certa vez, um representante comercial veio me contar como estava feliz por ter acabado de ganhar R$ 200,00. Perguntei a ele como havia acontecido e a explicação me deixou em choque: "É que preciso fazer uma viagem até outra cidade, Tathiane. Em vez de deixar a companhia comprar uma passagem aérea, optei por dirigir. Assim vou ficar com a diferença do dinheiro".

---

14 ROLLI, Cláudia. **Um trabalhador americano produz como quatro brasileiros**. [S. l.]: *Folha de S.Paulo*, 31 maio 2015. Disponível em: https://www1.folha.uol.com.br/mercado/2015/05/1635927-1-trabalhador-americano-produz-como-4-brasileiros.shtml. Acesso em: 4 mar. 2020.

15 MARTELLO, Alexandro. **Brasil passa da 72ª para a 71ª posição em ranking de competitividade mundial**. [S. l.]: *G1*, 9 out. 2019. Disponível em: https://g1.globo.com/economia/noticia/2019/10/09/brasil-sobe-para-a-71a-posicao-em-ranking-de-competitividade-global.ghtml. Acesso em: 4 mar. 2020.

Ainda incrédula, eu quis saber se o voo seria direto e qual a distância entre as duas localidades. Outra vez, meu queixo caiu. "Vai ser rapidinho, sete horas de ida e mais sete horas de volta", respondeu o representante que gastaria catorze horas ao volante.

Mostrei a ele o cálculo da hora de trabalho, os quesitos como cansaço, desgaste, manutenção do veículo e o risco na estrada. O representante, enfim, percebeu que teve prejuízo e estava pagando caro pelos R$ 200,00.

Esse tipo de situação é comum. Quantos não andam quilômetros e enfrentam filas gigantescas para abastecer o carro? Será que compensa? Pode até haver certa economia, mas será que foi calculado o tempo perdido e a própria gasolina para chegar ao posto e aproveitar a "promoção"?

O que pretendo ilustrar: na ânsia por economia, às vezes fazemos o que pode ser chamado de economia burra. Além do dinheiro propriamente dito, entram nessa conta tarefas ingratas e desgastantes, que cumprimos no dia a dia e não trazem nenhum resultado. Eu já cometi muitas. Antigamente, passava os meus sábados lavando roupa e limpando a casa. Imaginava que, ao contratar alguém, o serviço não sairia bem-feito e ainda pensava que pouparia uma boa soma. Mas, no fim, ficava tão cansada que não rendia mais nada.

Foi então que comecei a refletir sobre isso. No início da carreira, quando ganhava bem menos e não tinha condições de pagar uma pessoa para essa finalidade, não tinha escolha. Mas, conforme fui lendo, estudando, aumentando o salário, contratar passou a ser a opção mais barata e viável, pois o valor da minha hora estava caro para esse trabalho.

Tenha em mente que este é o objetivo: transformar seu tempo em ouro e fazê-lo valer mais para que você possa substituir as atribuições operacionais por outras que sejam recompensadoras, aquelas que podemos classificar como inteligentes – por nos trazer resultados e nos colocar mais perto dos nossos objetivos.

Pense nas tarefas que faz hoje e não está mais disposto a fazer imediatamente ou daqui a algum tempo. Reflita também sobre o que deseja substituir, visto que a ideia é aplicar todos esses ensinamentos e ter mais horas livres.

Muita gente reclama que não tem tempo, mas opta por atividades operacionais que poderiam ser delegadas. Levar o carro na revisão poderia ser substituído por ir à academia. Se você considerar, porém, que esse é um momento de relaxar, então tudo bem, conta como algo recompensador. Entretanto, caso fique estressado no trânsito, preocupado com horários e atrasado, é melhor pagar a alguém de confiança para fazer a tarefa.

Toda vez que faz algo que consome, que não gosta ou não dá resultado, você está perdendo um tempo que poderia ser gasto para agregar conhecimento. Se está cumprindo esses deveres no lugar de ler um livro, participar de um curso, está perdendo dinheiro e vida. Mas, se for um hobby, pode ser computado como atividade recompensadora.

TROCAR TAREFAS **OPERACIONAIS** POR **INTELIGENTES**

INGRATAS	RECOMPENSADORAS
LIMPAR MEUS E-MAILS	TREINAR MINHA EQUIPE
RESPONDER WHATSAPP	FOCAR EM NOVOS PROJETOS
AGENDAR REUNIÕES	DESENHAS OS PROCESSOS
FAZER RELATÓRIOS	GERAR INOVAÇÕES
ATENDER CLIENTES	CONSTRUIR UMA EXPERIÊNCIA ENCANTADORA DE COMPRA
FAZER ORÇAMENTO DE COMPRAS	PRODUZIR NOVOS CONTEÚDOS

TROCAR TAREFAS **OPERACIONAIS** POR **INTELIGENTES**	
INGRATAS	RECOMPENSADORAS
LIMPAR A CASA	DIA DE PRINCESA
FAZER COMIDA	BRINCAR COM OS MEUS FILHOS
LEVAR O FILHO NA ESCOLA	ACADEMIA
LAVAR ROUPA	FAZER UM CURSO
PASSAR ROUPA	LER UM LIVRO
ASSISTIR À NOVELA	CINEMA OU SAIR COM AMIGAS

Quando fui promovida e assumi a função de gerente comercial na faculdade, percebi que realizava muitos trabalhos operacionais, como responder e-mails, montar propostas, elaborar relatórios. Constatei que, se me concentrasse em outras tarefas mais estratégicas do que operacionais, como acompanhar os vendedores durante as visitas, treiná-los, pensar em inovações ou melhorar os scripts de venda, poderia aumentar significativamente os resultados.

Assim, coloquei como meta ter um assistente. Alguém que pudesse ser meu braço direito e resolvesse as questões da minha agenda, *check-in*, e-mails e questões operacionais.

Em apenas três meses, passei a ter um retorno incrível. O departamento crescia de forma exponencial porque eu estava focando as coisas certas. Desde então, parei de abrir e-mails. Minha equipe é treinada para respondê-los. Entro em cena apenas de forma esporádica. Atualmente, vejo no máximo dez e-mails por dia e tenho um filtro muito eficaz.

Vejo empresários que economizam nessa área. Como alguém que dirige uma empresa ainda não tem um assistente e prefere centralizar, direcionar tudo para si? É o típico exemplo de economia burra. Certa vez, um empresário disse: "Tathiane, estou tão ocupado fazendo minha empresa funcionar, que nem tenho tempo para fazê-la crescer".

Eu me lembrei de uma analogia que ouvi e dizia o seguinte: imagine-se em um avião depois da decolagem, alguém vem te servir o lanche e, quando você presta atenção, percebe que é o piloto da aeronave. O pensamento que vem à mente é previsível: *Se o piloto está servindo o lanche, quem está pilotando a aeronave?*

Vejo pessoas que colocam todas as suas contas na ponta do lápis, sem calcular quanto tempo gastam para controlar cada item. Tempo vale mais, porque dinheiro perdido você pode trabalhar e recuperar. Já o tempo perdido, nem preciso concluir...

Identificou as suas economias burras? É importante que pense nisso e, caso tenha dificuldade, aposte em uma análise para saber o que pode e deve ser delegado.

Você não precisa contratar alguém, mas pode dividir as atividades com um filho, um companheiro. Envolva as pessoas, faça negociações. Assim, poderá reduzir sua carga de trabalho e conseguir mais tempo para estudar, investir ou fazer aquilo que ama, que dê mais qualidade de vida.

PERSONALIZAÇÃO: OS QUATRO PERFIS DA PRODUTIVIDADE

Não existe uma personalidade específica capaz de levar ao sucesso. E olhe que a ciência, em especial a psicologia, já se debruçou bastante sobre o tema.

Para o livro *O código da personalidade*,[16] o especialista no estudo de características comportamentais Travis Bradberry entrevistou mais de 500 mil pessoas de 94 países e chegou à conclusão de que não há um perfil específico que possa fazer alguém triunfar ou fracassar.

O que Bradberry descobriu, porém, foi que 99% das pessoas bem-sucedidas ouvidas na pesquisa tinham uma característica em comum: cada entrevistado se conhecia a fundo, tinha clareza de seus pontos fortes e vulneráveis, sabia neutralizar fraquezas e lidar com seus potenciais.

O que isso prova? Que, quanto mais você se conhece, maiores as chances de alcançar o sucesso.

Isso acontece principalmente porque, se entendendo e se respeitando, você pode fazer escolhas mais assertivas que estejam alinhadas ao seu estilo, gostos e preferências.

Ao identificar o que o motiva, assim como seus talentos, o ser humano começa a compreender suas qualidades e o que pode melhorar. Dessa forma, aprende a lidar melhor consigo mesmo.

---

16 BRADBERRY, Travis. **O código da personalidade**. Rio de Janeiro: Sextante, 2010.

A partir daí, pode optar pelas técnicas e ferramentas que funcionem melhor, sem se comparar ou se martirizar por determinada metodologia ter dado certo para tantos, mas sem ter sido útil a você.

As cobranças diminuem. É libertadora a sensação de que não existe certo ou errado — e de que todos os perfis têm suas habilidades e inaptidões.

Não existe melhor ou pior no quesito personalidade; são apenas diferentes. Para prosperar, é importante que você se conheça e, com os instrumentos certos, se torne uma pessoa mais produtiva.

Um teste que gosto bastante é o DISC, método desenvolvido pelo psicólogo e inventor William Moulton Marston,[17] que tinha por objetivo compreender como o ser humano lida com o ambiente em que está inserido, bem como os motivos para que apresente determinadas ações e reações.

Em suas pesquisas, Marston identificou que temos duas grandes esferas comportamentais: a interna (referente à percepção do poder pessoal) e a externa (análise do que se encontra ao redor). Partindo de ambas, surgem quatro tipos de comportamentos previsíveis. São eles:

- **Dominância:** como a pessoa lida com problemas e desafios.
- **Influência:** como lida com pessoas e influencia os semelhantes.
- **Estabilidade:** como lida com mudanças e seu ritmo.
- **Conformidade:** como lida com regras e procedimentos estabelecidos pelos outros.

Em inglês, formam a sigla **DISC** e cada perfil tem valor único em termos de características e motivações.

Vamos falar melhor sobre eles para que você se familiarize com o seu.

A **d**ominância remete a controle, poder e assertividade. Indica a pessoa ativa ao lidar com problemas e desafios, que costuma ser direta, exigente e determinada. Pode ser descrita ainda como egocêntrica,

---

[17] MARSTON, William. **As emoções das pessoas normais**. São Paulo: Success for You, 2014. 388 p.

ousada, enérgica e determinada. Baixas pontuações em "D" indicam indivíduos mais moderados e conservadores, discretos, realistas, pacíficos, precavidos e modestos.

Já a influência é um perfil relacionado à comunicação e às relações sociais. São aqueles que utilizam o poder da comunicação, apreciam uma boa conversa e sabem persuadir de forma amistosa, pelo prazer de influenciar o próximo. Tendem a ser emocionais, amistosos, confiantes e otimistas. Quem contabiliza baixos índices em "I", por outro lado, influencia mais por dados e fatos que por sentimentos, sendo descrito como reflexivo, seletivo, recatado, desconfiado e até pessimista.

O terceiro perfil do DISC, *stability*, é relativo à paciência e persistência, fator encontrado em pessoas que prezam pela segurança e são avessas a mudanças súbitas. Costumam ser gentis, confiáveis, calmas e leais, gostam de um ritmo constante e previsível. Baixas pontuações em "S" estão ligadas ao gosto por variedade, com indivíduos "em alerta", inquietos, espontâneos e impulsivos.

Por fim, temos a conformidade, perfil relacionado à organização e estrutura. É a valorização dos regulamentos e das estruturas. Aqui, se encaixam disciplinados, precisos, cautelosos e analíticos, que anseiam o perfeccionismo. Gostam de atuar com qualidade e fazer certo desde a primeira vez, são sistemáticos e lógicos. Já os que apresentam baixos índices em "C" tendem a desafiar regras e buscar independência, sendo, em geral, obstinados, voluntariosos, teimosos, rebeldes e indiferentes aos detalhes.

Para chegar a essas conclusões, o DISC faz avaliações que partem de associações entre as palavras. Além de analisadas separadamente, as quatro dimensões podem ainda ser agrupadas em uma grade, com dois quadrantes superiores ocupados pelos padrões D e I, os perfis mais ativos, e com C e S, representando os mais receptivos.

A dominância e a conformidade compartilham também a coluna da esquerda, dos focados em tarefas, enquanto a influência e a estabilidade ficam na coluna da direita e são voltadas para pessoas.

No processo, é importante lembrar, não há um padrão melhor que outro, mas determinados comportamentos podem ser favoráveis ou desfavoráveis, de acordo com as necessidades do ambiente.

Vale acrescentar que todos nós possuímos as quatro características inerentes, em geral com um ou dois perfis em predominância – que auxiliam na construção da individualidade.

Para que possamos seguir até a próxima etapa, tire um tempo para si e faça os testes. Quanto mais dados e conhecimento tiver, mais poderá potencializar a performance, traçando um caminho para que consiga alcançar sonhos, metas e objetivos, com cada vez mais assertividade.

Ou acesse o link:
http://produtividadegold.com.br/disc_bonus

CONHECENDO SEU PADRÃO DE PRODUTIVIDADE

Se você chegou até aqui e ainda não respondeu aos questionários, tudo bem, sem problemas. Caso tenha feito tudo, melhor ainda.

O importante é que, agora que sabe um pouco mais sobre autoconhecimento e os quatro perfis comportamentais definidos pelo psicólogo Marston e aceitos mundialmente, podemos seguir.

A partir de agora, a ideia é tratar o tema mais a fundo, com os olhos voltados para a questão que estamos abordando ao longo de todo o livro – o melhor uso possível do tempo e como ele pode ajudar você a ter uma vida mais próspera e confortável.

Durante muitos anos, estudei o assunto e, com base em vários testes, criei quatro perfis de personalidade baseados em produtividade. Cada um correspondente a uma das letras do DISC: Realizador Nato, Realizador Otimista, Realizador Prestativo e Realizador Controlado.

O Realizador Nato é o equivalente à Dominância, ou seja, uma pessoa focada em resultado, que deseja fazer acontecer o mais rápido possível, aprendendo tudo com rapidez, geralmente exigindo que os outros sejam igualmente velozes.

Já o Realizador Otimista se relaciona com a Influência, é alguém mais político, diplomático, extrovertido, que adora interagir e ser parte de um grupo.

O Realizador Prestativo, ligado à Estabilidade, gosta de ajudar o próximo, detesta imprevistos e riscos, encara a vida com ponderação e firmeza, mas é um pouco exigente.

Por fim, temos o Realizador Controlado, o Cauteloso do DISC. Adora controle, métodos e processos. Tem pleno interesse em precisão e esmero e, quanto mais organizado o ambiente, melhor. Gosta de planilhas, lê detalhes da bula de remédios e dos manuais.

Você se identificou com algum? De fato, é muita informação. Cada um dos perfis possui diversos pontos fortes e vulnerabilidades. Por isso, para que tenha mais munição e adote as melhores decisões na vida – até mesmo para utilizar na hora de conviver com as pessoas do cotidiano –, vamos detalhar um pouco mais cada um dos quatro realizadores.

REALIZADORES NATOS

São pessoas que vão direto ao ponto. Gosto de dizer que, para elas, o discurso que mais funciona é o que chamo de minissaia: curto o suficiente para chamar a atenção, mas que cubra as principais partes.

Quanto mais direto e objetivo, melhor. Trabalhei com um diretor dominante, que sempre me falava o seguinte: "O que você vai me dizer cabe em um *tweet*?". Para quem não sabe, *tweets* são aquelas publicações curtinhas, feitas no Twitter. Na época, a rede social comportava apenas 140 caracteres em cada mensagem.

"O que você vai falar precisa caber nisso. Se não couber, reformule tudo", dizia ele. É verdade que todos os perfis são focados em resultado, mas esse é ainda mais. Aqui, o resultado é lucro ou alcance das metas. O realizador nato adora desafios, pega as questões que ninguém conseguiu resolver e, como se pode imaginar, é altamente competitivo.

Como aprende com rapidez, gosta de implementar tudo com velocidade e não tem paciência com pessoas lentas. Essa intolerância faz com que não tenha a calma necessária para treinar os outros, abrindo a tendência de centralizar atividades.

Adora ter liberdade para tomar decisões e estar no controle. Conviver profissionalmente com outro nato pode gerar um pouco de faísca. Sob pressão, prefere trabalhar sozinho, tem muita autoconfiança e odeia depender de terceiros para fazer suas tarefas.

Por apreciar desafios, atividades monótonas não fazem seus olhos brilharem – ele busca tudo aquilo que o leve a mostrar seu potencial. Tende a julgar quem está ao redor pela capacidade de atingir ou não os mesmos resultados. Não é de dar tapinhas nas costas.

PONTOS FORTES:
* Facilidade de oferecer soluções criativas para problemas complexos.

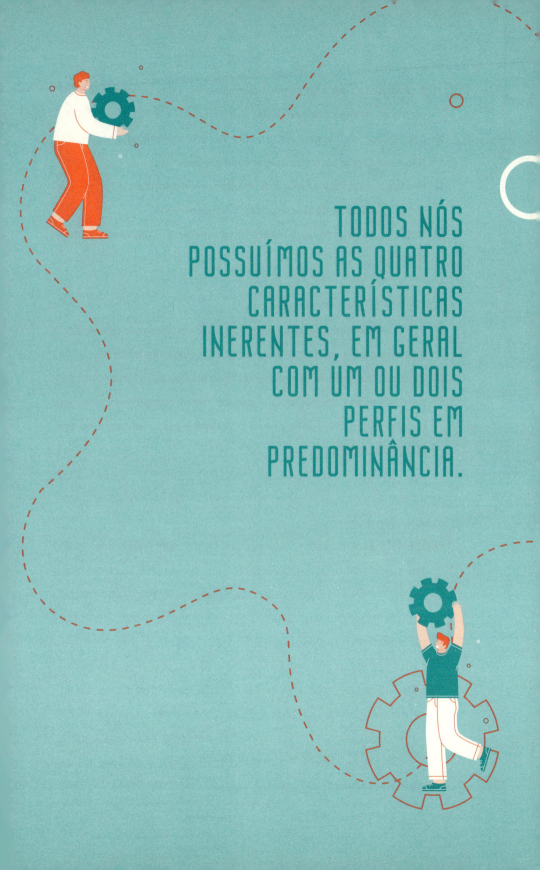

A persistência para solucionar dilemas é uma das maiores contribuições para qualquer organização.
- Capacidade de se concentrar, mesmo em ambientes barulhentos. Não perde tempo e tenta ajudar todo mundo;
- Grande aptidão para focar em resultados e dizer não. De forma exagerada, isso pode demonstrar certo egocentrismo;
- Muito franco e direto, o que gera um ambiente de confiança e reduz a burocracia.

PONTOS DE MELHORIA:
- Precisa exercitar a paciência e a tolerância com pessoas diferentes, o que o ajudará a solidificar amizades com colegas de trabalho;
- Deve calcular melhor os riscos e ter mais cautela para tomar decisões;
- De preferência, contratar pessoas de perfis complementares, que possam agregar. É fundamental trabalhar a personalização no ambiente de trabalho.

Realizadores natos tendem a ser representados com mais destaque pelos adjetivos a seguir:

EGOCÊNTRICO: Oposição forte ou acontecimentos que desviam a atenção geralmente não afetam a concentração determinada a alcançar objetivos. Isso pode ser benéfico para a equipe quando a burocracia ou a falta de consenso distraem o grupo. No entanto, concentrar demasiadamente a atenção em si pode ser visto como tedioso.

DIRETO: Muitas pessoas apreciam essa qualidade porque não precisam interpretar o que é dito. Pode também servir de inspiração aos mais reservados, por compartilhar suas opiniões e ideias abertamente. Ser muito franco, contudo, pode ofender os demais e ser contraproducente.

OUSADO: Geralmente, não se limita a fazer as coisas da mesma maneira. Na realidade, não tem receio de balançar o barco, ou até incliná-lo, se tiver vontade. Isso pode servir de inspiração para aqueles que tendem a agir timidamente ao arriscar-se e tentar novidades. Só é preciso manter a ousadia sob controle, para que não se torne imprudente, deixando colegas de trabalho de lado.

DOMINADOR: Ser uma pessoa decisiva e voltada para objetivos pode beneficiar os resultados finais de uma equipe ou organização. No entanto, se não estiver ouvindo os demais ou valorizando opiniões quando se precisa chegar a uma consonância, é provável que se depare com ressentimento ou até discórdia.

EXIGENTE: Com frequência isso significa pressionar os outros para alcançar os resultados desejados, o que pode ser visto como um ponto forte quando se está trabalhando com um grupo em direção ao mesmo objetivo ou prazo, desde que não se comporte de maneira indiferente aos sentimentos dos demais ou se torne autoritário.

ENÉRGICO: No ambiente de trabalho, tem dificuldades de aceitar um "não" como resposta. Pode ser visto como ponto forte quando se está enfrentando influências negativas ou quando se mantêm os padrões de qualidade, mesmo com prazos apertados. Passa a ser uma vulnerabilidade quando se torna autoritário ou rígido.

DISPOSTO A ASSUMIR RISCOS: Ser aquela pessoa que toma decisões audaciosas e as executa pode ser definitivamente positivo, em especial quando os demais não têm condições de fazê-lo. Porém, quando levado ao extremo ou utilizado de forma inapropriada, o ato pode ser visto como egoísta ou imprudente.

Nos temperamentos, esse perfil é identificado como colérico, associado ao elemento fogo.

Características dos coléricos: excesso de "eu", olhos fogosos que faíscam, passos firmes e fortes. Impositivos e com ideias elevadas. Têm certa impulsividade e reatividade, buscam a imagem do herói, tomam iniciativa. Comandam e lideram, têm certa dominância e intensidade. Têm forte senso de justiça e, ao mesmo tempo que sabem punir, também sabem perdoar.

Nas organizações: é muito comum em posições de liderança, pois são realizadores e vivem em ação.

Como lidar com eles: não os confrontar, deixar o "fogo se extinguir", enfrentar sem brigar, dar tarefas difíceis. Não abaixar o olhar, pois ele perde o respeito. Não levantar a voz, pois ele levantará ainda mais e, em pouco tempo, ambos vão gritar em defesa do que pensam. Não ter medo do ataque, pois ele esquece rapidamente. Dar desafios.

REALIZADORES OTIMISTAS

É o típico realizador que adora comunicar, persuadir e influenciar. Tem uma liderança movida pela inspiração e pela comunicação com o time, primando por causar boa impressão. Consegue levar os outros a executar aquilo que planejou.

Quem se enquadra nesse perfil costuma valorizar bastante a opinião de terceiros. Como não gostam muito de fazer tarefas, sabem delegar com maestria.

Assim como no perfil do realizador nato, os resultados também são muito importantes aqui, mas costumam estar relacionados à popularidade e à influência. Quanto mais admiração tiver, mais contente estará. Ou seja, o reconhecimento é um fator importante nessa equação. Como motivar uma pessoa assim? Sabendo reconhecer pontos fortes e talentos, fazendo elogios sinceros, valorizando as conquistas.

É alguém alegre, com a autoestima tão em ordem que consegue enxergar bem suas qualidades – também reconhece suas vulnerabilidades, mas só fala para os outros seus pontos fortes. Aprecia a liberdade e, por isso, não lida bem com rotina. É impulsivo e não tem medo de riscos. Gosta de experimentar o novo, é criativo, adora sensações e oportunidades diferentes. Evita muitos detalhes e não tem cautela. A palavra "improviso" é a cara desse perfil – ou seja, gestão do tempo e produtividade são desafios.

PONTOS FORTES:

- Facilidade para liderar, o que faz com que consiga gerar entusiasmo e extrair o potencial máximo de cada um;
- Aptidão para delegar bem, precisando tomar cuidado somente entre delegar e "delargar";
- Criatividade e inovação;
- Destreza para a comunicação.

PONTOS DE MELHORIA:

- Deve aprender a estabelecer prioridades e prazos, já que sempre acha que terá tempo e tende a procrastinar;
- Precisa trabalhar na organização pessoal;
- Demanda controle do foco exagerado, o que dificulta a socialização;
- Requer maior concentração na execução. É muito bom de iniciativa e deixa a desejar na "acabativa".

Realizadores otimistas tendem a ser representados com mais destaque pelos adjetivos a seguir:

ENTUSIASTA: A energia e a empolgação ao formar novos relacionamentos ou iniciar novos projetos são contagiantes, gerando, com frequência, um comportamento semelhante nos demais. Isso definitivamente é um ponto forte, desde que o trabalho duro e o acompanhamento sigam o entusiasmo inicial para que a ideia se torne realidade.

SOCIÁVEL: É o tipo que adora conhecer novas pessoas e interagir, o que é de grande valia em muitas situações, especialmente ao lidar com tímidos, que têm dificuldade de tomar a iniciativa ou puxar conversa. No entanto, ser excessivamente sociável quando há trabalho esperando pode gerar ressentimento nos demais.

PERSUASIVO: Possui uma tendência natural para convencer as pessoas de sua opinião. Isso pode auxiliar a chegar a um consenso e seguir em prol de um objetivo comum. É preciso cuidado para não utilizar essa característica de forma exagerada e fazer com que os outros se sintam manipulados ou ludibriados.

IMPULSIVO: Muitas pessoas podem apreciar essa espontaneidade e vontade de experimentar as coisas pela primeira vez, visto que cria uma abertura para o improvável, quando as circunstâncias não estão a favor. No entanto, saberá quando agiu de forma apressada ou imprudente porque os colegas se distanciarão.

EMOCIONAL: Em geral, pode sentir tudo de forma mais intensa que os outros e estar disposto a falar mais abertamente, causando comportamento semelhante em quem está ao redor. A sinceridade emocional utilizada de forma exagerada, entretanto, pode levar ao constrangimento — as pessoas podem até se sentir perturbadas, por acharem que seus limites foram violados.

OFERECIDO: Significa que o realizador otimista informa sobre si e oferece sua especialidade ao grupo o máximo possível. É um ponto forte quando utilizado para gerar comunicação com terceiros, que não precisarão buscar essas informações. Porém, é necessário cuidado para não parecer convencido, o que também pode gerar distanciamento.

CONFIANTE: Acreditar nos demais sem hesitação é uma característica animadora, especialmente quando se trabalha com os mais céticos. A verdadeira confiança é construída por meio de experiências positivas. Mas, ao confiar demasiadamente, corre o risco de ser visto como ingênuo.

Nos temperamentos, esse perfil também é identificado como sanguíneo. É associado ao elemento ar.

Características dos sanguíneos: altamente excitáveis, têm olhar inquieto, alegre e atento, andar leve e saltitante. Correm o risco de ser superficiais e nervosos por lidarem com muitas coisas ao mesmo tempo e se interessarem por tudo, sem se aprofundar em nada. Possuem certa dificuldade de concretizar, são criativos e flexíveis. Expressam-se bem, mas podem se enrolar. Otimistas, cheios de entusiasmo, mas com pouca força de vontade. Misturam sonho e realidade.

Nas organizações: são amigos de todos e gostam de conhecer pessoas. É difícil conflitar com eles, são escorregadios e estão envolvidos em várias coisas simultâneas.

Como lidar com eles: encontrar o real interesse, ter mão firme com respeito e veneração. Repassar atividades diferentes, dar liberdade para inovar e não repassar tarefas de longo prazo. Fazer acompanhamentos no final.

REALIZADORES PRESTATIVOS

Os realizadores prestativos possuem ritmo mais moderado. São muito consistentes no que fazem e têm entrega e execução, o que é excelente para a produtividade.

Em geral, terminam tudo o que iniciam e vão até o fim em cada uma de suas metas. Gostam de trabalhar de forma previsível e seguir uma rotina. Apreciam a estabilidade e o trabalho em equipe, evitando conflitos. São movidos por ajudar pessoas – tanto que, às vezes, deixam de fazer o seu para fazer o do próximo.

É um perfil que prefere apoiar os outros do que ficar à frente de um projeto para definir novos parâmetros – como não gosta de estabelecer diretrizes, prefere segui-las.

Ambientes de muita competitividade não o agradam. Geralmente, é amistoso e modesto. Quando um realizador nato identifica um prestativo, vê oportunidade de delegar. É tão calmo que acaba por não demonstrar muita energia ao falar ou se relacionar. Toma decisões de forma prudente.

PONTOS FORTES:

- Capacidade de lidar bem com a rotina e terminar tudo o que começa;
- Facilidade, principalmente por ser leal, para tolerar ambientes difíceis, que poderiam assustar outras pessoas;
- Habilidade de demonstrar calma e segurança, mesmo sob pressão.

PONTOS DE MELHORIA:

- Precisa tomar cuidado ao ser prestativo demais. Pode deixar o foco do seu para ajudar no foco dos outros;
- Tem a necessidade de exercitar a arte de dizer não;
- Demanda um empenho maior para melhorar o foco em resultados e alcance das metas;
- Deve trabalhar a criatividade.

Realizadores prestativos tendem a ser representados com mais destaque pelos adjetivos a seguir:

PASSIVO: Frequentemente demonstra calma e segurança, mas se levadas ao extremo, podem causar uma incapacidade de contribuir para os esforços da equipe, com a tendência de intimidar-se diante das situações-chave.

PACIENTE: Uma personalidade imperturbável pode ser de grande valia nos momentos de estresse. Esse perfil consegue manter--se imperturbável mesmo quando o caos perturba os colegas.

Mas o paciente em demasia pode ser visto como dócil ou complacente, fazendo com que os demais o ignorem.

LEAL: A coragem de defender uma equipe ou conceito é inestimável. Ser dedicado a uma causa ou organização significa que pode tolerar situações complicadas. No entanto, lealdade inflexível pode ser um tiro pela culatra, ao não enxergar verdades desagradáveis que precisariam ser reconhecidas.

PREVISÍVEL: A característica é um ponto forte, quando utilizada para estabelecer um sistema ou rotina eficaz no trabalho. Os outros geralmente apreciam essa consistência, que se torna uma fraqueza apenas ao se prender à situação atual de uma forma que elimine qualquer criatividade ou pensamento novo.

COLABORATIVO: Pode frequentemente realizar o melhor trabalho ou desenvolver as melhores ideias quando está colaborando com os demais. Por outro lado, depender em demasia da equipe pode ser prejudicial se uma iniciativa independente passa a ser necessária.

POSSESSIVO: É natural que esse perfil assuma o comando de projetos-chave, e esse senso de posse e responsabilidade pode ser de grande valia em um ambiente de equipe. Porém, ao ser utilizado de forma exagerada, o desejo de manter os projetos mais cobiçados pode distanciar as outras pessoas.

Nos temperamentos, esse perfil também é identificado como fleumático. É associado ao elemento água.

Características dos fleumáticos: olhar amigável, mas sem brilho. Expressam satisfação, possuem certa comodidade interior e um caminhar arrastado. Prestam atenção aos detalhes e têm prazer na alimentação. Exalam bondade e alegria de viver. Falam pausadamente e são bons ouvintes. Têm certa tendência ao conservadorismo, quase nunca se expõem e tendem ao sobrepeso.

Nas organizações: sua força está no "devagar e sempre". Trazem resultados sólidos e consistentes, são observadores e bem-humorados. Dão importância aos ritmos do corpo, de modo que atrasar refeições os deixa irritados.

Como lidar com eles: criar espaço para falar e espaço de convivência. Não tentar tirá-los do ritmo e não apressar, pois se atrapalham. Gostam de tarefas programadas e reuniões periódicas, agendadas com antecedência. Tirados do seu centro, podem "explodir" ou ter ataques de fúria.

REALIZADORES CONTROLADOS

Em tudo o que fazem, apreciam trabalhar com qualidade e precisão. Têm extrema atenção aos detalhes e tendem a ser mais organizados. Tomam decisões de forma analítica, pesam os prós e os contras. São conhecidos como investigadores, porque pesquisam bem os fatos, curiosos por entender o que está por trás das coisas. São mais céticos, não acreditam em tudo o que as pessoas falam e, por isso, precisam de provas.

Quando recebe uma tarefa ou projeto para que execute, o controlado gosta de saber tudo e ter certeza de que possui total clareza do que precisa ser feito antes de iniciar as ações. Um planejamento é algo natural para ele, que é um pensador analítico. Não gosta de correr riscos. Pelo perfeccionismo, não aprecia trabalhar com prazos apertados demais, o que pode torná-lo improdutivo – isso porque sabe que, para conseguir um nível de maestria e excelência, leva-se tempo.

Assim como o realizador nato, é mais voltado aos processos do que às pessoas. Não tem necessidade de agradar aos outros e estar em grupos, rendendo mais quando trabalha sozinho. É um dos perfis que mais odeia ser interrompido e não tem facilidade com aqueles que querem aparecer.

Por ser autocrítico, buscando a precisão em cada gesto, quando vê um realizador otimista que não planejou nada e dá uma bola fora, por exemplo, tende a ficar retraido, com medo de passar pelas mesmas gafes. Gosta de altos padrões, altos níveis e tem facilidade para seguir regras e normas. Por fim, convive bem com a rotina.

PONTOS FORTES:

- Gosto por excelência e precisão.
- Facilidade de organização.
- Capacidade analítica aguçada.
- Obediência às regras e normas.
- Referência de equilíbrio e atenção.

PONTOS DE MELHORIA:

- Deve trabalhar o perfeccionismo exacerbado que faz perder o timing.
- Precisa exercitar a máxima "é melhor feito do que perfeito", principalmente se for relacionado a um projeto que nunca surge, a um dinheiro que nunca ganha.
- Carece aprender a delegar tarefas. Por ser extremamente crítico, acaba não confiando que os outros consigam atender seus altos padrões de exigência.

Realizadores controlados tendem a ser representados com mais destaque pelos adjetivos a seguir:

PERFECCIONISTA: Produzir um trabalho de alta qualidade pode ser a sua prioridade. São impressionantes a precisão e a atenção dadas aos detalhes. Mas seria aconselhável ficar atento a essa preocupação exagerada com imperfeições pequenas e fatores insignificantes, que pode fazer com que os retornos diminuam ou até impedir seu progresso.

PRECISO: A utilização total dessa habilidade exige a eliminação de imperfeições graves e secundárias. Pode encontrar erros que ninguém mais percebe. No entanto, se confiar de forma exagerada na própria precisão, os colegas podem se tornar negligentes e dependentes.

INVESTIGATIVO: É um ponto forte quando utilizado para coletar informações e identificar fatores necessários para o sucesso de um projeto. Torna-se um ponto fraco se descartar todas as sutilezas e intuições em nome do método "apenas os fatos importam".

DIPLOMÁTICO: Quem tem esse perfil pode frequentemente comunicar-se bem com os demais e preferir um tom não ameaçador. Isso ajuda uma organização a funcionar sem percalços e cria uma atmosfera de confiança. No entanto, o perigo é não ser direto o suficiente quando a situação exigir.

SISTEMÁTICO: É frequentemente imperativo que tudo seja feito de modo correto e a tempo. Esse instinto para a organização beneficia a equipe como um todo. A desvantagem é dar pouco tempo e espaço para a espontaneidade e as ideias transformadoras.

CONVENCIONAL: Ao produzir resultados estáveis e previsíveis, o controlado pode manter o foco nos projetos. No entanto, utilizar essa qualidade excessivamente pode resultar num trabalho insípido ou sem inspiração.

CORDIAL: As palavras "por favor" e "obrigado" são instintivas para essa pessoa. Como decência e respeito básicos vão longe, esse tipo de abordagem ajuda a criar um ambiente satisfatório. A má notícia é que muita formalidade pode dar a impressão de que se está sendo bajulador ou pouco sincero.

Nos temperamentos, esse perfil é identificado como melancólico. É associado ao elemento terra.

Características dos melancólicos: apresentam certa preocupação e possuem expressão séria, de sofrimento. Têm olhos com pouco brilho e são sensíveis. Apresentam andar pausado e vergado para a frente, profundidade e introspecção. São fiéis, sinceros e exigentes consigo mesmos. São de poucos amigos, atraídos pela intelectualidade. Além disso, têm dificuldade de aceitar outros pontos de vista.

Nas organizações: são conhecidos pela profundidade e por serem muito estudiosos. Em projetos, são bons para avaliar riscos. São capazes de grandes sacrifícios. Se líderes, conseguem identificar todas as inconsistências e perdem o respeito pelos que erram com frequência.

Como lidar com eles: criar obstáculos reais e chamá-los para resolver questões profundas, pois são orientados ao dever. Não tentar alegrá-los, pois não gostam, tampouco apreciam trabalhos superficiais. São muito exigentes. Ter um líder melancólico é uma ótima oportunidade de aprendizado, pois seu trabalho sempre pode ser melhorado.

Com tudo isso dissecado, agora você deve estar se perguntando: *Devo focar os pontos fortes ou fracos?*

A questão sempre gera dúvidas, mas o que aconselho é que coloque a maior parte da energia nos seus talentos e habilidades. Certa vez, em uma palestra, o psicólogo brasileiro Waldez Luiz Ludwig contou a história de um filho com o boletim escolar com as notas 10 em Matemática e 5 em Português.

Em situações como essa, o que os pais geralmente fazem? Preocupam-se com a nota baixa, colocam no reforço, direcionam todo o foco para a dificuldade, certo? O menino estuda, se esforça e, no final do ano, chega com outro boletim, mas com a nota 7 em tudo. Sabe por que isso acontece? Ele tira 7 em Matemática porque é bom na disciplina, mas não estudou, e 7 em Português porque é ruim, mas se esforçou muito. Ou seja, no final ele ficou apenas na média.

Acontece que pessoas na média não se destacam, não são referência, não fazem a diferença no mundo. Por isso, devemos buscar aquilo

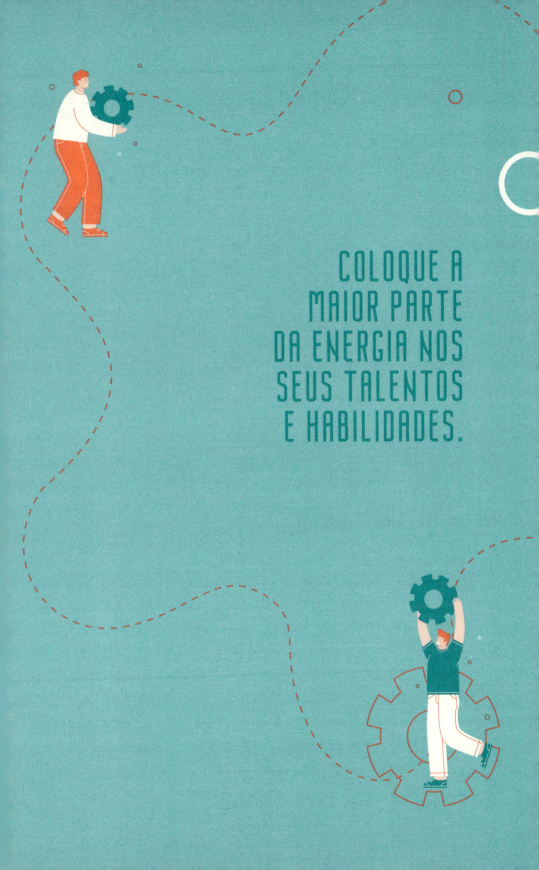

em que somos bons para nos dedicarmos, estudarmos e avançarmos ainda mais, para que sejamos um destaque da área e nos diferenciarmos da multidão.

Ah, então devemos pegar nossos pontos de melhoria e ignorá-los?

Não é bem assim. Com esses, o que precisamos fazer é trabalhar para neutralizá-los. Pegando o exemplo do aluno, se você tirou 5 em Português, seria desejável chegar pelo menos na média para passar de ano. Dessa forma, temos, sim, que nos aperfeiçoar no que não somos tão bons; porém, todo o seu tempo e sua energia não devem ser dedicados a isso.

Direcione a atenção para os pontos fortes, talentos e qualidades. Na palestra que mencionei, Ludwig conclui o raciocínio dizendo que se o pai pegasse esse filho e colocasse no reforço de Matemática, sabe o que provavelmente ocorreria? Provavelmente começaria a participar de campeonatos, seria um sucesso total. Mas, como isso não acontece, acaba preparado para ser apenas mais um mediano.

Sendo assim, como é impossível mudar de perfil – o que conseguimos é modificar levemente a intensidade de cada um deles em nós –, a lição que fica é a seguinte: foco nos pontos fortes, sem deixar de trabalhar as vulnerabilidades. Afinal, é isso que vai fazer com que você se destaque.

8

BLINDAGEM MENTAL, O RECURSO QUE FAZ A DIFERENÇA

Qual seria a outra característica que os grandes nomes, aquelas pessoas de sucesso que admiramos, têm em comum? Já abordamos alguns dos pontos ao longo destas páginas, mas precisamos falar do *mindset*.

Todas as características dividem ou definem uma configuração mental diferenciada, que as impulsiona e blinda daquele sentimento de descrédito que às vezes toma conta de nós devido aos obstáculos do dia a dia.

É preciso algo que proteja contra qualquer circunstância negativa, pois isso assegura a mentalidade de abundância.

Vamos considerar uma pesquisa feita nos Estados Unidos e publicada no *Nebraska Symposium on Motivation*,[18] em 1990, e posteriormente no livro *Perspective on Motivation*, na qual crianças foram instruídas a montar quebra-cabeças. Elas começavam com os mais simples e logo ficavam empolgadas porque eram capazes de resolvê-los facilmente. Aos poucos, iam recebendo outros, mais complexos. Foi aí que o quadro mudou.

Os pesquisadores perceberam que crescia a tendência, entre meninos e meninas, de desistir, de querer parar de brincar. Mas não em todos:

---

18 DIENSTBIER, R. **Nebraska Symposium on Motivation 1990**: perspectives on motivation. Lincoln: University of Nebraska Press, 1991.

para alguns, quanto mais difícil a tarefa, mais entusiasmante se tornava. Esses queriam aprender – e, por mais que errassem, chegavam a dizer que estavam gostando daquele estímulo.

O fato surpreendeu a equipe, que não imaginava se deparar com crianças que gostassem do "fracasso".

A verdade, porém, é que as crianças não viam esses erros como fracassos. Enxergavam oportunidades de aprendizado. Estavam crescendo e aprendendo, até chegar à solução que esperavam.

O que isso quer dizer? Sim, a mentalidade que temos diante de determinada situação pode influenciar, e muito, a chance de alcançarmos os resultados que gostaríamos, assim como aconteceu com a meninada e os quebra-cabeças.

Toda a pesquisa pode servir de reflexão. Neste exato momento, diversas pessoas estão vivendo as mesmas situações que você e eu, mas podem ter escolhido enxergá-las de maneira diferente. Será que todos nós estamos vendo os problemas e obstáculos como desafios?

Seja lá o que estiver acontecendo, duas saídas são comuns: resmungar e desistir ou optar por ver todo esse cenário como um crescimento.

Viktor Frankl explorou bastante o assunto. Cresceu achando que tudo o que somos, pensamos e sentimos é fruto da nossa criação, da infância, do que vivemos, algo mais engessado e estático. Até que se viu em meio à Segunda Guerra Mundial. O pesquisador foi preso em um campo de concentração, sofreu torturas inimagináveis, viu familiares morrerem e teria todos os motivos para não achar mais sentido no mundo.

Em meio àquele caos, Frankl começou a fazer o que Darwin ensinou: olhar ao redor. A título de estudo, iniciou uma observação a respeito de como pessoas diferentes reagem de maneiras distintas às mesmas circunstâncias. Todos estavam com medo, desanimados, tinham perdido parentes, só que alguns eram otimistas, conseguiam enxergar o sofrimento com outros olhos.

O pesquisador fez constatações. A primeira foi até previsível: cabe a cada ser humano escolher como se sentirá diante de cada acontecimento. Para Viktor Frankl, a maior liberdade é a de escolher o que o ser humano deseja sentir. E as provas disso não param nas conclusões dele ou na pesquisa realizada com as crianças.

No livro *Mindset: a nova psicologia do sucesso*,[19] a professora Carol S. Dweck, da Universidade Stanford, na Califórnia, mostra um dado interessante. Diversos estudos descobriram o que seremos e teremos durante a vida: a nossa busca incessante por nossos objetivos. É essa persistência para conquistar o que queremos que vai definir até o nosso nível de inteligência.

Citando um exemplo pessoal, lembro que, em um treinamento com a minha equipe, comentei que nunca havia sido a melhor aluna, a menina nota dez da sala de aula. Apesar disso, era uma das mais esforçadas, extremamente dedicada.

Hoje, isso gera resultados mais significativos do que os resultados dos meus antigos colegas de escola. Não quero me vangloriar, mas só realçar que, como eles eram os melhores, aqueles que tiravam nota máxima em tudo criaram expectativas quanto ao sucesso deles.

Quando jovem, imaginei que no futuro iria encontrá-los financeiramente bem, milionários, até mesmo bilionários.

Não foi bem assim. Muitos recebem salários medianos e não se posicionaram tão bem quanto eu pensara. Acontece que, se eles são bem mais inteligentes, o que justifica não estarem em uma situação mais confortável?

Uma das respostas está no nível de esforço e dedicação. No final, percebo que a vontade de se superar dia após dia conta mais do que o Q.I.

---

19 DWECK, Carol S. **Mindset**: a nova psicologia do sucesso. Rio de Janeiro: Objetiva, 2017.

É a genialidade estratégica, que alguns chamam de *mindset*, que impulsiona – e esse é um tópico muito importante. Mais de vinte anos de estudos constataram que a opinião adotada sobre si interfere nos resultados obtidos ao longo da vida. Sim, a opinião que você tem de si interfere diretamente sobre a realidade na qual vive agora.

Acreditar que seus talentos, qualidades e potencial são imutáveis – que nasceu, cresceu e vai morrer assim – é impor um limite sobre a mente, o que acaba fazendo com que encontre meios de provar que tais limitações são verdadeiras. Creio, porém, que ninguém queira colaborar com nada disso, não é mesmo? O negócio é enxergar com mais clareza os pontos fortes e trabalhar os que precisam de melhoria – gravou o que falamos sobre eles no capítulo anterior?

Até porque todos nós, um pouco mais geniais ou não, temos vulnerabilidades. Albert Einstein, um dos maiores cientistas que a humanidade conheceu, criador de teorias como a da relatividade, um dos pilares da física moderna, é um bom exemplo. Seu histórico impressiona, mas você sabia que ele só conseguiu falar com desenvoltura aos 9 anos e foi expulso da escola por causa da rebeldia? Quando iria imaginar que esse prodígio, que nos deixou um legado tão valioso, teria tais dificuldades?

Walt Disney, que criou personagens incríveis, tentou fazer parte do exército norte-americano e foi rejeitado. Depois, montou um negócio que faliu, o que levou as pessoas a dizer que faltava a ele capacidade de gestão. Além disso, foi demitido de um de seus empregos porque "não era criativo o suficiente".

Bill Gates faliu uma empresa. Mas não desistiu e estruturou a Microsoft, tornando-se o mais jovem bilionário do mundo aos 31 anos.

Quem não foi bem-sucedido no passado não está impedido de ser no futuro. O que passou, portanto, não determina o que está por vir ou o que você há de se construir.

Acreditar que é possível, desenvolver as habilidades e aperfeiçoar o potencial para o sucesso. Essas são as três estratégias fundamentais para despertar a paixão, aquilo que nos faz lutar e aprender todos os dias, vencer a si e aos problemas para chegar aos resultados almejados. Não se preocupe, pois há meios para isso.

Somente com a mentalidade de abundância e prosperidade você já será mais produtivo e utilizará o tempo para multiplicar seus ganhos. Contudo, não acredite que será como naquela história do livro e do documentário *O segredo*.[20] Não basta sonhar e pensar positivo para que tudo mude. Eu não acredito nisso, mas tenho certeza de que o pontapé inicial é realmente sonhar, ter a clareza do que se deseja.

O primeiro passo que me ajudou a sair de um salário de R$ 500,00 para um de R$ 50 mil foi trabalhar o sonho. Você se lembra que contei como ficava em último lugar no ranking, sem fechar minhas vendas? Era uma garota tímida e morria de medo de receber um "não". Hoje, sei que um vendedor sem autoconfiança pode fazer 50 ou 10 mil ligações por dia que não vai adiantar.

Eu desejava viajar, era minha maior vontade desde criança, e coloquei esse sonho escrito na tela do computador, bem à vista. Defini o próximo destino de forma específica, com prazo para acontecer. E me recordo como se fosse hoje de começar a fazer as ligações olhando para o sonho. Repetia para mim: *Não importa quantos nãos receba, vou ter um sim.*

"Nossa, apenas mentalizar o que queria mudou tudo?" poderia perguntar o leitor mais racional, e tenho a resposta: não. Depois do objetivo, precisa vir o plano de ação.

O impasse é que boa parte da população não tem seu propósito claro. Circulando pelos palcos do país e ministrando palestras, sempre pergunto quem tem clareza quanto a isso. Em geral, apenas um terço ou

---
20 BYRNE, Rhonda. **O segredo**. Rio de Janeiro: Sextante, 2015.

menos levanta a mão. E o cenário não é exclusivo do Brasil. Quando tive a oportunidade de palestrar em Orlando, Miami, Boston e Londres, encontrei lá o mesmo cenário.

A Universidade Harvard tem em seu corpo docente um professor chamado Ram Charan, mentor de grandes CEOs. Ele usa uma expressão que tem total sentido para mim: *cuidado com o óbvio*.

De fato, é por obviedade que as empresas quebram, que perdemos grandes oportunidades.

Ter sonhos é algo tão óbvio que as pessoas simplesmente nem se sensibilizam para isso, não investem tempo para pensar a respeito.

Vou provar como os sonhos são importantes — e como fazem a diferença até para uma estrela de Hollywood. Em entrevistas, Jim Carey comenta que, antes mesmo de ser ator, possuía um sonho: ter US$ 10 milhões na conta. Naquela época, não tinha meios para isso, mas era o que desejava. Então, fez um cheque nominal nesse valor para si, colocou data e andava com ele no bolso, aonde quer que fosse.

Sempre que fazia uma entrevista de emprego e recebia um "não", ele olhava para o cheque, respirava fundo e dizia: "Vou conseguir, porque eu tenho um sonho".

O que aconteceu? Passado algum tempo, o astro foi convidado para protagonizar o filme *O Máskara*. Seu cachê, para espanto até do próprio ator, justamente US$ 10 milhões.

Hoje, Jim recebe US$ 20 milhões ou mais por filme, e esta é a ideia: sonhar e seguir evoluindo, crescer degrau por degrau.

Mais à frente vamos nos concentrar em uma técnica para auxiliar no treino da mente, o Foco nos Pensamentos que Impulsionam (FPI).

Desde já, comece a trabalhar a seguinte informação: o *mindset* fixo só aprisiona e poda conquistas, mas o *mindset* de crescimento permite acreditar que, todos os dias, você pode ser um profissional melhor do que foi ontem. Essa mentalidade, que pretendemos aprimorar aqui, faz

com que você consiga galgar novos rumos, aprendendo a lidar com o fracasso, para que o sucesso seja inevitável.

VENCENDO A BATALHA DA MENTE

"O cérebro não consegue separar o real do imaginário." Essa foi a frase que ouvi de um professor no primeiro curso de programação neurolinguística do qual tive a oportunidade de participar. Aquilo me chamou a atenção, me colocou para pensar. Mais tarde, aprendi ali mesmo que tudo o que pensamos ou em que acreditamos provoca reações químicas no corpo, que o toma como se fosse realidade.

Quer fazer um teste? Imagine que você está chupando um limão, mas imagine de verdade. Experimente a sensação, a fruta azedinha, a textura do líquido na boca. Ao pensar e se concentrar nisso, observe que a boca saliva, preparando-se para o sabor da fruta. Alguns sentem até um arrepio. Tudo aquilo que imaginamos, nosso corpo decifra e faz a leitura como real.

Ao mentalizarmos o que desejamos, são gerados uma energia e um estado emocional que nos deixam mais suscetíveis à realização. Mas atenção ao que foi dito: não basta acreditar. É preciso seguir estratégias que nos façam chegar mais rápido aos nossos objetivos para que tenhamos uma vida de realização, marcada por ganhos emocionais e financeiros.

Quando eu era mais jovem, lá pelos 7 ou 8 anos, tinha o costume de estudar para as provas dando "aula". Sempre fui bastante ativa, mas não tinha capacidade de concentração. Precisava andar, gesticular, para não cair no sono. Estudar em biblioteca nem pensar, porque, lendo em silêncio, me desconcentrava o tempo todo e flertava com o sono. Então, conversava sozinha com meus alunos imaginários e fazia isso também para brincar.

Uma das principais brincadeiras era imaginar que no quintal havia uma casinha de boneca com uma máquina de realizar sonhos e fabricar dinheiro. Com ela, poderia comprar o que quisesse. Por que estou me lembrando disso? Essa fantasia durou mais de dez anos e, por meio dela, sonhei muito. Eu morava em uma casa simples, de tijolos à vista, e me imaginava vivendo em um belo sobrado dentro de um condomínio fechado.

Eu pensava em cada detalhe dele e hoje moro em um lugar exatamente igual ao que sonhei. Ainda não tenho a máquina de fazer dinheiro, mas consegui realizar vários sonhos que aquela brincadeira proporcionou. Naquela época, eu era uma criança e, tendo ou não a consciência de um *mindset*, aquele faz de conta funcionou. A partir dessa história, podemos perceber a importância de sonhar e trabalhar para alcançar nossos objetivos. Não duvide desse poder.

Certa vez, após palestrar em um evento, eu e os demais palestrantes saímos para jantar e trocar ideias. A conversa era estimulante e falávamos da mentalidade de prosperidade e abundância. Foi quando meu amigo Conrado Adolpho, que é escritor e trata justamente dessas questões da mente e de como ela é a nossa maior riqueza, nos apresentou as seguintes situações:

- Uma pessoa que já foi milionária e perdeu tudo;
- Uma pessoa que sempre teve uma vida extremamente simples, sem muitos recursos.

Diante das duas, Conrado nos perguntou qual delas teria mais chances de ganhar bastante dinheiro. Se não sabe a resposta, divido com você o ensinamento daquele dia: com certeza a que já foi milionária tem mais possibilidade de voltar a construir um patrimônio. O motivo? Ela tem uma mentalidade de abundância, sabe o caminho e acredita que é possível por já ter vivido essa experiência.

Ao vivenciarmos determinada situação, sabemos que aquele é um fato palpável, enquanto o ato de acharmos que é impossível nos limita. Essa pessoa do exemplo sentiu "como era" ter bastante dinheiro e pode conquistar tudo mais rapidamente do que a outra, que desconhece essa realidade, não imagina o que seja se hospedar em um hotel de luxo, voar de primeira classe, ter recursos sobrando sem se preocupar com as contas. Para essa última, acreditar é bem mais difícil, assim como imaginar todas as situações que citei.

No entanto, falta de vivência não inviabiliza conquistas. Sabendo o valor de uma mentalidade voltada para o próspero, o que precisamos é trabalhar a mente para ter toda aquela experiência, mesmo que apenas dentro da cabeça, porque, mais uma vez, o cérebro não sabe separar o real do imaginário. Há uma frase do Walt Disney que admiro: *"Se eu posso sonhar, posso realizar"*.

Apenas o ato de sonhar nos aproxima um pouco mais da realização, tornando tudo mais tangível.

Grandes atletas, muitas vezes, imaginam os resultados que almejam. Um jogador de golfe mentaliza a bola caindo no buraco, que é o objetivo dele. Empresários de sucesso já confessaram ter projetado na mente o formato da empresa, tudo o que queriam, e adiante alcançaram exatamente de acordo com as projeções.

O ato de mentalizar faz com que a gente saia da zona de conforto (que de confortável não tem nada) com maior ânimo para começar o quanto antes.

Napoleon Hill desenvolveu uma ferramenta de planejamento pessoal que pode ajudar. Pegue uma roda da prosperidade e estipule a data daqui a seis meses. Vamos fazer uma viagem no tempo como se já estivéssemos vivendo lá.

Escreva tudo no presente (em vez de será assim ou farei assado, escreva: é assim, é assado), o que você quer desfrutar em todas as áreas da vida. Mentalize como será e o que sentirá quando alcançar os resultados. Esse é um exercício poderoso, que facilita o contato com a sensação de realização.

Perceba, entretanto, que tudo precisa estar anotado de forma detalhada, estruturada, específica. Você precisa sentir e, quando começa a trabalhar nesse ponto, já consegue ter mais resultados na vida e no cotidiano. Esta é a questão principal: transformar uma mentalidade limitada, expandi-la até várias possibilidades de crescimento, de abundância. Precisamos acreditar que podemos e merecemos ir muito mais longe.

Se uma pessoa que nunca teve dinheiro exercitar sua genialidade estratégica para acreditar que é possível e desenhar mentalmente o caminho a ser trilhado, ela conseguirá trilhá-lo. Isso demonstra o poder do nosso cérebro, sobre o qual trata a programação neurolinguística, uma abordagem de comunicação, desenvolvimento pessoal e psicoterapia criada pelos norte-americanos Richard Bandler e John Grinder na década de 1970. Segundo eles, existe uma conexão entre os processos neurológicos, a linguagem e os padrões comportamentais aprendidos por meio da experiência – e estes, portanto, podem ser alterados para alcançar metas e sonhos. Além disso, eles reiteram que essa ciência, usada também para tratar problemas como fobias, pode modelar e aumentar as habilidades.

Entretanto, aí também mora um perigo. Há um livro de que gosto bastante, chamado *O jogo interior do tênis*,[21] de W. Timothy Gallwey, que mostra isso. O best-seller vendeu mais de 1 milhão de cópias e é uma bibliografia muito recomendada nos cursos de *coaching*. Ele conta como tenistas e outros atletas conseguem vencer as próprias limitações todos os dias, para ganhar campeonatos – e não é fácil.

Todo atleta precisa ter controle mental e emocional acima da média, porque, ainda que saiba o que deve fazer, a pressão e a cobrança são

---

21 GALLWEY, W. T. **O jogo interior do tênis**: o guia clássico para o lado mental da excelência no desempenho. São Paulo: SportBook, 2019.

gigantes, em especial quando o mundo inteiro está assistindo. A ansiedade, a inquietação e o estresse podem atrapalhar e, assim, eles necessitam controlar bastante a voz interior. A maior batalha que enfrentam – e o mesmo serve para nós – é a que ocorre na própria mente.

LIDE COM OS MEDOS E SEJA MAIS PRODUTIVO

Há uma particularidade que precisamos entender a respeito da produtividade. A mesma mente que impulsiona e torna possível o que parece impossível é a que pode sabotar em um processo conhecido por autossabotagem. Em *O jogo interior do tênis*, é apontado que a maior batalha não é a da concorrência, da economia, da política, mas aquela travada contra nós na qual duas vozes reinam: a do bem, que nos faz acreditar; e a do mal, que nos leva ao caminho oposto, traz dúvidas e, não raro, tem mais força.

É uma tendência do ser humano dar mais ouvidos à voz do mal, até de maneira inconsciente. E é ela que faz paralisar, não querer sequer tentar para não correr o risco de fracassar. Essa vozinha negativa nos deixa com a autoestima abalada e mata a autoconfiança, tão crucial para mais resultados. Por fim, essa voz do mal coloca em evidência o medo, um dos principais sabotadores.

Eu me recordo de um curso que fiz, em certa ocasião, do Anthony Robbins, onde estavam dez mil pessoas. Ele pegou um participante da plateia e fez uma pergunta: "O que você acha que está atrapalhando a sua busca pelo sucesso?"

"Medo", respondeu o participante, com apenas uma palavra. Virando-se para o público, o guru do *coach* questionou quem mais compartilhava o sentimento. Ao olhar para o lado, vi que 100% da audiência, inclusive eu, estava com as mãos levantadas. A experiência sugere um insight: se você também se sente assim, bem-vindo ao ingrato clube.

A maior parte da população mundial, por mais que tente disfarçar, tem medo de algo, até mesmo Anthony Robbins. E, pensando bem, podemos perceber que diversos motivos geram essa sensação de temor.

Alguns têm receio de errar; outros, de serem rejeitados – e por isso tantos não conseguem falar em público. Muita gente tem medo do julgamento, do fracasso e, o pior de todos, medo de dar certo. *E se eu ganhar muito dinheiro, se a minha empresa crescer, como vou lidar com o sucesso, será que vou mudar?*

Esses medos nos prendem na zona de conforto, onde nos sentimos acomodados, e, obviamente, não levam ao sucesso ou aumentam os ganhos financeiros.

Quem já passou por alguma dessas situações sabe: muita gente deixa de dar sua ideia em uma reunião ou curso por receio de parecer pouco inteligente. Aí outro fala mais ou menos ou precisamente o que a pessoa estava pensando e fica com os méritos, a glória. O medo, a insegurança e a timidez fazem o ser humano ficar calado, escondido, disfarçado nas sombras.

Acontece que, se ninguém enxergá-lo, fica mais difícil ainda crescer. Podemos citar outro exemplo: qual perfil é mais promovido nas empresas? Apenas os funcionários tecnicamente melhores?

Em boa parte dos casos, não. Vários estudos comprovaram que não é suficiente ser o melhor em termos técnicos. É preciso se comunicar melhor, mostrar as conquistas, saber se relacionar. Se você quer ganhar mais dinheiro, precisa trabalhar nisso.

O mesmo pode ser dito no campo dos relacionamentos. Às vezes, estamos em uma relação prejudicial e falta coragem para sair dela. É o pavor do novo, de como será dali em diante. No entanto, se está ruim, tem como ficar pior? São historinhas que contamos para nós, a fim de não enxergarmos a realidade. E o conselho aqui, para que comece a reflexão sobre sua jornada, é avaliar que historinhas tem contado para si. O que sua voz do mal tem dito?

Ansiedade, medo e insegurança fazem parte do cardápio que compõe a natureza do ser humano. Entre as pessoas mais bem-sucedidas com quem tive a oportunidade de conversar, todas tiveram uma transformação tremenda, mas não se isentaram desses sentimentos.

A diferença entre elas e quem não alcança resultados é que as primeiras buscam todos os dias se inspirar, se capacitar, investem em si, lutam e não desistem, escolhem ter sucesso e procuram minar os espaços que o fracasso poderia usar.

Caso esteja pensando que ninguém escolhe ser fracassado, pasme: é uma escolha inconsciente, que acontece porque achar que outra existência seria impossível.

Eu não havia escolhido falhar, passar por dificuldades, mas enfrentei tudo isso por acreditar que não era capaz de ir além. Ao mudar minha mentalidade, precisei fazer renúncias, e foi o momento mais sublime da jornada, porque foi quando aprendi.

Nesse âmbito, reflita também sobre a palavra "preocupação", que nada mais é do que uma pré-ocupação, ou seja, ocupar-se do que ainda não aconteceu e pode ser que nem aconteça. Apesar disso, você se desgasta emocionalmente e mina a energia com algo que não compensa.

No livro *Como evitar preocupações e começar a viver*,[22] Dale Carnegie, autor de *Como fazer amigos e influenciar pessoas*, defende que "ao falar consigo a cada hora do dia, pode direcionar os pensamentos para a coragem e a felicidade".

É um desperdício de tempo pensar em questões improdutivas, que nos impedem de ganhar mais dinheiro.

---

22 CARNEGIE, Dale. **Como evitar preocupações e começar a viver**. São Paulo: Companhia Editora Nacional, 2012.

Precisamos prevenir e planejar. Há uma diferença entre pensar nos planos de prevenção e sofrer pelo que não existe.

Quando temos pensamentos negativos, tudo muda; nossa energia, nossa expressão e até a atmosfera ao nosso redor. Percebo que essas preocupações nos levam ao que chamo de "síndrome do rabo do cachorro".

Já notou como os cães gostam de brincar e brigar com o próprio rabo, correndo atrás dele? Nunca conseguem resultado, mas continuam, e isso se torna um hábito.

Muitas pessoas são assim e vivem ansiosas em relação ao que não existe, correndo atrás do próprio rabo, sem avançar.

Precisamos refletir: ao reclamar ou lamentar muito, consegue-se mudar ou melhorar algo? É necessário, então, criar os planos de ação. Esse deve ser o foco, pois produtividade é focar o que interessa, o que vai trazer ganhos.

A programação neurolinguística aborda este ponto: o que eu foco aumenta. Se foco o problema, ele se torna maior; se foco a solução, várias possibilidades criativas surgem, abrindo espaço para a solução. Isso é libertador.

Preste atenção à frase de Einstein: "Penso 99 vezes e nada descubro. Deixo de pensar, caio em silêncio profundo até que a verdade me seja revelada." Se um gênio como ele precisou ter a persistência de pensar 99 vezes, quem somos nós, pobres mortais, para não fazermos o mesmo?

É fundamental que tenhamos resiliência. Mesmo sem encontrar resposta, façamos esse mergulho profundo, até porque há saída para tudo na vida. Talvez não a tenha encontrado porque precise amadurecer e exercitar a criatividade.

Gosto bastante de fazer um exercício com a minha equipe para aumentar a produtividade. Caso você seja empresário, pode fazê-lo também.

De vez em quando, temos incêndios a apagar e pepinos a resolver. Por diversas vezes, os funcionários vinham até mim apenas com a crise para que eu a solucionasse, afinal, sou a dona da empresa. Eu, claro, buscava meios, mas chega um momento em que o nosso HD mental começa a pifar de tanto pensar, pensar e pensar em problemas. A tarefa consome toda ou quase toda a energia.

Além disso, a pessoa do time que vivencia aquela situação está na linha de frente, tem contato direto e frequente com o cliente, está vendo e sentindo de perto o que ocorre no mercado.

É bem provável que ela tenha insights melhores do que os meus (ou seus). Estipulei, então, que precisariam levar pelo menos três possibilidades solucionadoras, junto com as adversidades que surgissem. Por quê? Justamente para direcionar o foco até a rota da saída.

No início, três soluções podem até parecer muito. Colocado em prática, o exercício desperta a criatividade da galera e logo surgem cinco, dez delas.

Combinamos que não havia a necessidade de respostas extraordinárias, desde que se identificassem esforço e dedicação. Bom, foi fenomenal. Criamos esse hábito e o resultado é que, hoje, quase não temos pepinos. Passamos a trabalhar na prevenção, ganhamos mais autonomia, liberdade e o benefício maior: a participação de todos. Eu saí ganhando; eles também.

O foco na solução faz completa diferença nos resultados e serve para todas as áreas.

Um ponto-chave da produtividade é aprender a protagonizar, deixando de ser a vítima das circunstâncias.

Diariamente, temos que tomar várias decisões, e uma que convido você a tomar é a escolha entre seguir dando ouvido ao medo e substituir essa palavra, que é intangível, pela fé.

Sei que a fé também não é palpável, nem visível, porém traz mais convicção. É um sentimento que nos alavanca.

Um exercício simples há de colaborar. Segundo a neurociência, não conseguimos ser multitarefa. Se é assim, também vale para os pensamentos. Então, quando estiver com receio, pensando em algo ruim, substitua por uma coisa que seja boa. Já reparou que não é possível pensar e sentir os dois de forma simultânea? Ou alguém neste mundo daria conta de pensar naquilo que mais ama e naquilo que mais odeia ao mesmo tempo?

Não, correto? Na hora da raiva, da tristeza e da angústia, temos pensamentos ruins. Porém, aquele que se dispõe de maneira consciente a pensar em motivos de gratidão, muda o seu estado emocional, os hormônios e as reações químicas do corpo. Eu convido você a fazer esse teste. Comece a substituir o medo por razões pelas quais você é grato.

Em meus momentos mais pesados, o que faço é reservar quinze minutos para respirar fundo, o que é importante para o equilíbrio das emoções, além de pensar nos motivos que tenho para agradecer. Sou grata porque tenho uma equipe engajada, por ter meu negócio. Quantas pessoas gostariam de empreender e não têm a oportunidade? Procuro concentrar-me no que é bom. Eu quis e eu tenho, estou fazendo o que sonhei. Penso em como tenho saúde, família, amigos.

Diante disso, é necessário se concentrar em mais atividades práticas para implementar no dia a dia. A primeira é ter clareza de que a palavra tem poder. Tudo o que falamos exerce poder sobre nós – está ligado aos pensamentos, que geram sentimentos e, por efeito, comportamentos. Isso influencia na tomada de decisão, nas atitudes.

Quer ver como funciona? Se a pessoa pensa que não é ninguém, que não tem conhecimento, que é burra, quais sentimentos terá? Decerto, autoestima em queda e inferioridade. Essas sensações a levarão ao comportamento indesejado; andar cabisbaixa, triste, sem convicção, sem coragem de olhar nos olhos dos outros. Ou seja, são os raciocínios e sentimentos gerando consequências reativas.

Percebe que, no final das contas, é o pensamento que inicia toda a sequência de resultados obtidos?

A maneira como a pessoa se comporta, a impressão que transmite e a convicção no que diz vão gerar os efeitos práticos para a vida.

Um vendedor, por exemplo, venderá mais ou menos a depender da maneira como aborda os clientes, reage e fala, não é mesmo?

Em meus treinamentos, digo que quem vende precisa acreditar no produto vendido, pois, do contrário, não vai transmitir verdade. Por mais que seja um bom enganador, faltará algo.

Por isso é tão importante trabalhar a raiz dos pensamentos – que devem girar em torno de afirmações: de que somos capazes, de que podemos e acreditamos em nós e assim por diante.

Isso vai gerar quais sentimentos? Autoestima elevada, autoconfiança, mais segurança, até se transformar em comportamentos assertivos e resultados melhores.

Vejo gente que reclama muito que não tem tempo para nada. Algumas pessoas me perguntam como está a correria. Digo que não há correria alguma e, quando acontece, é sempre boa. Vou falar que estou correndo? Por mais que tenha várias atividades e projetos, é por uma questão de escolha.

Se minha agenda está preenchida até o último dia útil do ano, é porque escolhi como prioridade tudo o que consta ali.

Logo, não é que eu não tenha tempo, pelo contrário: tenho tempo para as minhas prioridades, para aquilo que acho importante, de acordo com a fase que estou vivenciando.

Cuidado ao reclamar, ao dizer que não tem tempo. Isso não passa de crença limitante, algo que acredita de maneira tão profunda que passa a ser verdade cristalina.

Ao dizer que não tem tempo, a tendência é arranjar formas de provar, para si e para os outros, que realmente não tem.

Isso acontece porque nós, seres humanos, queremos ser coerentes. Quem diz que é um fracasso, há de provar que está certo, que é fracassado, e vai criar meios para que isso se mostre verdadeiro. O mesmo acontece a quem diz que se acha medroso, que não tem futuro algum. Em suma, somos aquilo em que acreditamos.

Comece a falar e pensar coisas boas a seu respeito e adote cuidados com o que verbaliza.

Outra crença limitante é acreditar que nada dá certo. Antigamente eu acreditava nisso, como se existisse uma cortina que me impedia de enxergar. A partir do momento que busquei o novo, era como se rasgasse a cortina. Aos poucos fui vendo um outro lado de muita abundância e realização.

É imprescindível se "destravar", deixar para trás essas convicções que só fazem podar o que temos de melhor, e buscar as ferramentas, o conhecimento, que libertam e geram resultados.

Tenha atenção ao que crê. Se acreditar nas afirmações corretas, estará blindado. Qualquer pessoa que afirme algo diferente e tente boicotar seus sonhos, não conseguirá. Você vai optar pelos pensamentos que impulsionam, e isso vai blindar a mente.

Caso alguém diga que você não tem capacidade, que não consegue fazer, nada disso funcionará, uma vez que já tem uma crença fortalecedora, que vai fazer diferença em sua jornada.

FPI, UMA TÉCNICA QUE VAI MUDAR SUA VIDA

Tudo o que abordamos até agora, sobre acreditar em si e combater os medos, faz parte da técnica que chamo de Foco nos Pensamentos que Impulsionam (FPI). Já demonstrei como ela é certeira e, a partir de agora, sua tarefa é colocá-la em prática para que você se torne alguém não só mais produtivo como também provido de resultados melhores em todos os aspectos da vida – nos ganhos financeiros, no campo pessoal ou no relacionamento com as pessoas que o cercam.

Mas atenção: precisa ser um exercício recorrente. Todos os dias, ao acordar, você pode pensar em coisas ruins ou boas a seu respeito. O que vai escolher? Pensamentos bons impulsionam, lembre-se disso. E, quando tiver medo, como deve se comportar? Nessas horas, aconselho que pense em quanto conquistou e avançou, nas ocasiões em que teve sucesso, no seu histórico de vitórias ao longo da trajetória, e como conseguiu bons resultados mesmo diante de pressão.

Recomendo que crie o caderno das conquistas – que pode ser em papel ou em um aplicativo no celular. Nele, você vai anotar os pequenos triunfos que obteve. Podem ser do passado remoto, da infância, desde que sejam momentos dos quais se orgulhou. Aproprie-se dessas glórias. E, caso venha à mente que aquele que conquistou tudo isso não parecia você, não permita que esses pensamentos prosperem. Aquele era você em sua melhor versão.

Escreva tudo isso para que possa ler quando estiver com medo. Assim, vai visualizar melhor os resultados positivos que obteve. Vai pensar que é a pessoa que, mesmo quando ninguém acreditava, atingiu cada uma dessas vitórias, que se superou e permanece se superando, dia após dia. Nesse caderno, vão constar evidências, atitudes e comportamentos que comprovarão a eficácia de quem você é. Isso vai fazer completa diferença.

Para mim, algo que funciona bastante é compilar os elogios que recebo. Para além de vaidade, a técnica me auxilia a recordar a diferença que fiz para outras pessoas. Tenho alunos, seguidores e clientes que gostam de me elogiar e, às vezes, comentam que talvez eu já esteja até cansada de ouvir palavras do tipo. Na verdade, jamais vou me cansar de receber energias boas.

Cada elogio, cada expressão de carinho, me alegra, torna meu dia melhor, faz tanta diferença que guardo em uma pastinha, que revisito quando estou triste. Leio os elogios no caderninho de vitórias, vou exercitando o foco em pensamentos que impulsionam e, aos poucos, vou deixando aquele indesejável estado. Essa é a técnica do FPI, que tem mudado minha vida e pode mudar a sua.

Escrever o que deseja alcançar pode ser um bom método para impulsioná-lo. Um case nesse sentido é o do fundador da rede de fast-food KFC, Coronel Sanders. As coisas estavam tão ruins que ele chegou a pensar em se matar, mas, antes disso, resolveu fazer uma carta com tudo o que queria para a vida. À medida que ia colocando os sonhos no papel, foi se sentindo mais forte, com mais energia.

Aquilo fez com que Sanders desistisse do plano inicial e, com a clareza de seus propósitos, começasse a batalhar. Abriu um pequeno restaurante, foi crescendo e, aos 60 anos, fez seu primeiro bilhão. Caso esteja passando por um período de desânimo, faça o mesmo. Passe a observar quanto já caminhou até aqui. Temos o nocivo hábito de olhar quanto falta para chegar aos objetivos, mas valorizar quanto já avançou vai se mostrar uma ótima ferramenta de motivação.

Se está difícil assimilar essas questões, sugiro que anote todos os pensamentos que têm atrapalhado, que são uma autossabotagem, e reflita sobre os seguintes pontos: *continuar pensando assim me aproxima do resultado que desejo? Quais consequências terei ao seguir acreditando nisso?*

Substitua as crenças limitantes por outras que estimulem e incentivem, respondendo a uma questão que só você saberia responder: *qual é a minha nova crença fortalecedora?*

Vamos ver como fazer isso com a técnica do FPI. Se você pensa, por exemplo, que seu chefe não o valoriza, pode começar a ressignificar esse pensamento a partir de um motivo de gratidão, agradecendo por ter um trabalho. Se é empresário e teve que pagar muitos impostos este ano, pode passar a olhar pela perspectiva de que vendeu bem no período.

Vamos mudar nossa forma de ver o mundo. Ficar lamentando não vai ajudar. Então, temos que aprender a dominar o discurso interno.

Fixe atenção na maior batalha que enfrentamos, contra a mente, aquela da voz positiva contra a negativa – e somente alcançaremos resultados positivos, melhorando a vida e os ganhos financeiros, se vencermos essa guerra. Já vimos como ressignificar os discursos, como ter novos pensamentos, e aqui vêm mais quatro etapas de auxílio. Se as outras não funcionaram, é porque o nível de medo e insegurança está mais profundo, e precisamos intensificar o trabalho.

1. PERGUNTE-SE: *DO QUE JÁ SENTI MEDO E HOJE NÃO SINTO MAIS?*

Caso continue com medo, preservando pensamentos negativos, recupere a listinha de conquistas e vitórias. Essa é uma ferramenta bastante usada no processo de *coaching* e tem se provado extremamente eficaz, pois ajuda a ver tudo aquilo que você já ganhou. A mesma energia que usou naquela época exitosa pode ser usada de novo. É sua, faz parte de você. Mas acrescente outra lista no processo: a dos medos que não estão mais em sua vida.

Não é sempre que a resposta vem de imediato – então fique em silêncio, concentre-se e respire fundo. Nem tudo é tão rápido quanto gostaríamos, porém gestão do tempo e produtividade, já expliquei e reitero, não se amparam em velocidade, mas nas respostas corretas.

A direção importa mais que a velocidade. Tenha em mente que esse é um investimento que vai valer a pena e, por isso, não fique ansioso.

Comece a enumerar o que já te amedrontou no passado e deixou de fazer sentido. A busca se inicia agora. Talvez você se lembre daqui a uma semana ou um mês. Não importa, esse é ou será o *start*.

2. REPITA: "QUEM NUNCA ERROU É PORQUE NUNCA TENTOU."

A frase pode ser colocada até em um post-it para, em local visível, você conseguir visualizar diariamente, como um reforço.

É comum o receio de errar e fracassar, e tal sensação paralisa. Entretanto, o ato de ficar paralisado não é também um formato disfarçado de fracasso? Desistir sem lutar não é outro formato de fracasso?

Vamos, então, fazer algo. Por mais que erre, o mínimo que a ação vai gerar é aprendizado e crescimento para a vida. Repita isso em voz alta todos os dias. Está tudo bem tentar e não dar certo, faz parte.

Muita gente passa por isso e não é motivo para desistir ou se decepcionar. Henry Ford tem um ensinamento que você também pode adotar: "Existem mais pessoas que desistem do que pessoas que fracassam".

3. CURTA A SUA VOZ NEGATIVA E ZOMBE DELA.

Eis outra ferramenta muito legal – e útil. Como fazer isso? Algumas pessoas colocam um apelido bem engraçado nessa vozinha negativa. Pode ser qualquer coisa que você ache divertido. Em seu curso, Anthony Robbins ensina a rebolar. Um pensamento ruim geralmente vem com uma tensão, um peso, mas, se você começar a literalmente rebolar para ele, já começa a rir de si, da situação, e isso muda seu estado. O que precisamos é quebrar a negatividade, seja como for.

Dentro das nossas 24 horas do dia, precisamos sentir muito mais otimismo, entusiasmo e alegria do que frustração e tristeza. Somente assim podemos alcançar resultados positivos e ganhos financeiros. Toda vez que se pegar flertando com um pensamento ruim, controle seu discurso interno por meio de algo engraçado, curta e zombe. Tem gente que conversa com ele com voz de criança, em tom irônico. Precisa apenas ser algo que faça sorrir. Experimente e vai ver como um problema gigante, um bicho de sete cabeças, vai se tornar tão pequeno.

Agindo assim, você transforma seus medos em questões menores e consegue ter mais clareza para enxergar uma solução. Além do palestrante motivacional Anthony Robbins, o autor Stephen R. Covey, que escreveu o livro *Os 7 hábitos das pessoas altamente eficazes*,[23] também orientava algo do tipo. Ele ensinava que era preciso sair do problema.

Dentro da mente, vá para o alto de uma montanha e, de lá, olhe o que preocupa você. Veja como fica bem menor.

4. CONTROLE A MENTE E CONCENTRE-SE EM SEUS SUCESSOS.

Gosto muito dos ensinamentos de Napoleon Hill. Na obra *A lei do triunfo*, o escritor cita uma ferramenta baseada nesse aspecto de se concentrar nos sucessos obtidos. Apesar de influente na área de realização pessoal, ele, assim como todos nós, também teve suas horas de adversidade, momentos difíceis durante os quais pensou que não conseguiria mais seguir.

Diante dessas circunstâncias, Hill buscou ajuda e ouviu a seguinte frase de seu mentor: "Deus nos deu um poder e temos que saber aproveitá-lo. O poder de controlar a mente está acima da pobreza, da falta de estudos ou de qualquer crença." Seja você crente ou não, saiba que controlar o que pensa está em suas mãos – e só depende de você. Logo, suas maiores limitações são aquelas que se impõe.

Um exemplo disso é o norte-americano Erik Weihenmayer. Alpinista, ele tinha um sonho: chegar ao topo do monte mais alto do mundo, o Everest, na Ásia. O único problema é que Erik nasceu cego. Isso não o

---

[23] COVEY, Stephen R. **Os 7 hábitos das pessoas altamente eficazes**. Rio de Janeiro: Best-seller, 2017.

impediu de alcançar a meta. Ao todo, foram dois anos de planejamento e preparação. Além disso, Erik selecionou as melhores pessoas para acompanhá-lo na expedição.

A jornada não foi fácil e, nela, Erik passou por diversas provações e momentos nos quais teve de testar a confiança em si mesmo. Apesar das tribulações, conseguiu. Isso nos mostra que podemos chegar aonde desejarmos, basta controlar a mente, planejar e saber escolher as pessoas que estarão ao nosso lado – sem a equipe que o acompanhou, o alpinista jamais teria obtido sucesso.

Querendo ou não, acabamos nos permitindo ser influenciados pelas pessoas com as quais convivemos. Quando temos ao redor gente que só reclama e lamenta, naturalmente começamos a lamentar e reclamar de maneira inconsciente. E quem convive com pessoas otimistas, que sonham alto, são visionárias e empreendedoras, tende a querer agir e ser assim.

Para ir a outro patamar na vida, é preciso andar com pessoas melhores, que inspirem, contribuam e ensinem sobre carreira e prosperidade.

Uma parte da população tem medo de falar em dinheiro e acha que ricos e milionários tiveram que trapacear para ter suas fortunas. Essa é outra crença limitante.

Conheço várias pessoas que têm abundância, que são até bilionárias, e têm integridade.

O que pretendo dizer é que devemos prestar atenção a essas crenças, aos bloqueios que vamos colocando na mente e que acabam se tornando travas para a nossa vida. Lembre-se de destravar. Adote crenças de abundância, acredite e revisite seus sucessos – e rodeie-se de pessoas que se comportem da mesma maneira.

A IMPORTÂNCIA DA AUTOESTIMA PARA A PRODUTIVIDADE

Além de como pensa e se sente, o modo como você se comporta interfere na produtividade.

Estudos comprovam que, assim como a mente pode mudar o corpo, o inverso é verdadeiro, ou seja, o corpo pode exercer papel fundamental e alterar o estado da mente.

Se você está se sentindo mal, tente uma pose de poder — como aquela da Mulher-Maravilha, com as mãos na cintura — por alguns segundos e veja o que acontece.

Aposto que o ânimo mudou. Sabe como tenho essa certeza? Diversas pesquisas da área da psicologia social comprovam a convergência entre corpo e mente. Uma série de evidências demonstra que a linguagem corporal, chamada pelos cientistas de "comunicação não verbal", governa não só o que os outros pensam e sentem sobre nós mas também como nos sentimos a respeito de nós mesmos.

As atitudes "não verbais" influenciam sentimentos, pensamentos e hormônios, diz a ciência. A prova maior veio de um estudo conduzido em Harvard pela psicóloga social e professora Amy Cuddy.[24] Junto com a colaboradora Dana Carney, da Universidade da Califórnia em Berkeley, ela quis saber se seria possível "fingir até conseguir".

Fingir ser poderoso poderia levar a alterações químicas no cérebro que nos levassem a tornar aquilo uma realidade? As duas cientistas descobriram que sim.

Para chegar até aí, a dupla testou uma ideia. Pessoas poderosas tendem a ser mais assertivas, confiantes e otimistas. Elas realmente acreditam que podem vencer até em jogos de azar, por exemplo. Tendem a ser capazes de

---

[24] **YOUR body language may shape who you are**. Amy Cuddy: TED, 2012. Disponível em: https://www.ted.com/talks/amy_cuddy_your_body_language_may_shape_who_you_are/transcript. Acesso em: 4 mar. 2020.

pensar de forma mais abstrata e, fisiologicamente, possuem a testosterona, o hormônio da dominação, mais alta, e o cortisol, o do estresse, mais baixo. Afinal, queremos um líder poderoso que seja dominante mas relaxado.

Até esse estudo, a ciência tinha o conhecimento de que, na hierarquia primata, quando um macaco precisa desempenhar o papel de macho alfa, em poucos dias a testosterona sobe e o cortisol diminui.

O que aconteceria com um ser humano diante de uma mínima intervenção — como adotar uma posição de poder por alguns segundos? Será que essa pessoa se sentiria mais forte?

A hipótese foi testada em laboratório por Amy e Dana. No experimento, o grupo selecionado deveria fazer poses de alto e baixo poder — por exemplo, com o corpo encolhido, acanhado, os braços cruzados — por dois minutos. Amostras de saliva foram colhidas antes e depois e, ao fim, os voluntários ainda teriam a chance de tentar a sorte em um jogo de dados. Os resultados foram mais surpreendentes do que elas imaginavam.

Para começar, a tolerância para jogar, para correr riscos em quem fez as poses de poder, subiu 80%. Nesses indivíduos, a testosterona cresceu 20% e o cortisol apresentou queda de 25%.

Já os que tentaram as poses de baixo poder tiveram um aumento de 15% no cortisol e uma diminuição de 10% na testosterona.

Apenas dois minutos levaram a todas essas mudanças hormonais.

No final, as pesquisadoras descobriram que a linguagem corporal, ou a comunicação não verbal, pode determinar a maneira de sentir, e que o corpo também muda a mente.

Elas não pararam por aí. Avançaram até uma segunda etapa do experimento: essa premissa também seria válida fora do ambiente controlado do laboratório?

Será que os dois minutos de "poses de poder" poderiam ser usados em situações de ameaça social, como falar em público ou passar por uma avaliação?

A resposta foi, mais uma vez, positiva. Para chegar até essa resposta, Amy e Dana pegaram outro grupo, que passaria por uma rígida entrevista de emprego com pessoas treinadas a não apresentar expressões faciais como feedback. Antes disso, porém, todos os entrevistados fizeram poses de baixo ou alto poder no banheiro, sem que ninguém os visse.

As entrevistas foram gravadas e mostradas aos especialistas em seleção de pessoal, que não sabiam qual pose cada candidato fizera.

Todos os de alto poder foram avaliados de maneira positiva para contratação, mas isso não aconteceu com o restante.

Em sua palestra, Amy Cuddy conta que, quando fala que o corpo muda a mente e a mente muda os comportamentos, e que estes podem, por sua vez, alterar nosso destino, muita gente comenta com ela que não quer parecer falsa ou fingida. As pessoas não querem ter a "síndrome do impostor". O que Amy aconselha então, e que reitero aqui, é o seguinte: "finja" até você se tornar. Adote esses comportamentos até que o cérebro os internalize.

Ajustes mínimos podem levar a grandes mudanças. E se sentir bem consigo mesmo, poderoso, é um ajuste mínimo – leva apenas dois minutos, como acabamos de ver.

Ter a autoestima em dia é outro grande aliado da produtividade. Um profissional com baixa confiança em si não se sente capaz, não crê em seu potencial, não reconhece as próprias habilidades e perde inúmeras oportunidades de crescer.

Na sua carreira, a autoestima é quase tão importante quanto ter um bom currículo: você até pode ter as melhores especializações, mas é necessário se sentir capaz de realizar tudo o que sua profissão exige. O que percebi quando era autônoma e trabalhava em casa é que, nos dias em que não estava bem comigo, o rendimento caía bastante.

Hoje, não ir mais ao escritório tem ficado cada vez mais comum, em razão do marketing digital, dos empregos em consultoria, da redução de custos das empresas, do trânsito.

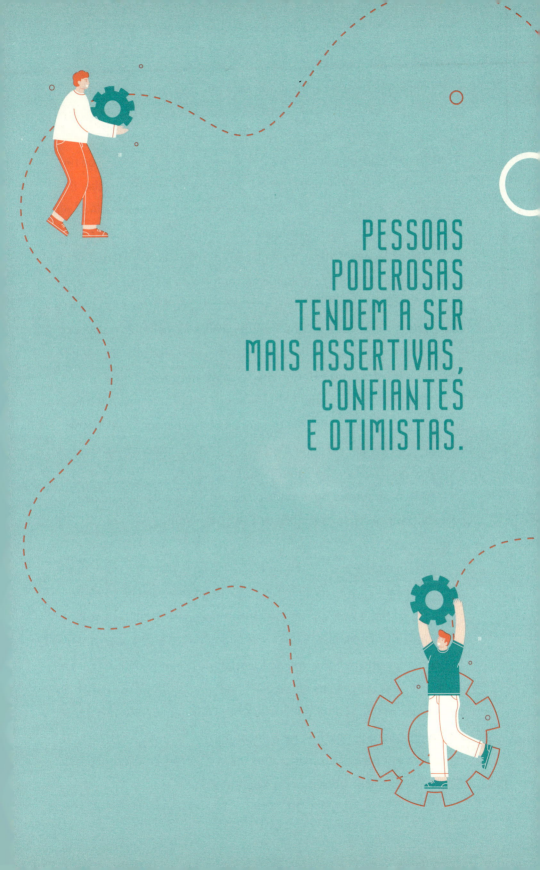

PESSOAS PODEROSAS TENDEM A SER MAIS ASSERTIVAS, CONFIANTES E OTIMISTAS.

Como, então, manter a produtividade em casa, tendo por perto diversas distrações, como televisão, família, atrativos, interrupções, cama e geladeira? Como manter o foco e ainda assim ser produtivo?

Além de ter um objetivo claro e traçar metas, um dos pontos que funcionou muito para mim foi trabalhar como se fosse visitar um cliente – me arrumava, cuidava de mim, me preocupava com o ambiente. Ao final do expediente, o sentimento de realização era muito maior.

Costumo dar a mesma recomendação aos meus alunos e tem funcionado para eles. Ainda que trabalhe no conforto do lar, arrume-se como se fosse para o escritório. Ficar o dia inteiro de pijama tira o foco, leva a cabeça para outros lugares e não deixa você ter os melhores resultados.

Aprimore não só o estado interno mas também o externo, até porque, como ficou claro, o exterior interfere nas emoções.

Quando a gente se sente bem, se ama e valoriza, consegue passar um nível de confiança bem maior para as outras pessoas – exatamente o que a pesquisa que comentamos lá no início demonstrou. Quem é confiante persuade melhor, gera mais resultados.

Mas atenção: não estou dizendo para cuidar somente do lado de fora, pelo contrário – e, com a técnica do FPI, já discutimos bastante quanto se deve vigiar o que se sente.

É preciso equilibrar os dois e ter cuidado com a vaidade. O saco desse pecado capital é igual ao da ambição: por mais que tente enchê-lo, ele nunca se esgota. Não é apenas sobre estética, mas prevê se cuidar e se amar integralmente, além de aliar todos esses fatores na sua busca pelo sucesso.

Outro conselho que dou em meus cursos de produtividade é tirar um dia de princesa, no caso das mulheres: tirar um dia da agenda para ir ao salão, fazer as unhas, hidratar o cabelo etc. Por que precisamos disso? Justamente porque interfere na autoestima. Os homens não devem ficar de fora e podem tirar um momento para si. Estar bem ajuda a passar melhor pelas dificuldades da vida e do trabalho.

Não se engane, as dificuldades virão. Vou compartilhar mais uma passagem da minha história que comprova isso.

Nas palestras, muitos me perguntam o que aconteceu depois de ter multiplicado meu salário. Seis anos depois, tive outro momento de superação, tão grande quanto aquele do início da jornada.

Apesar dos anos maravilhosos na faculdade em que trabalhei, em 2013 decidi sair. Eu havia chegado ao posto de diretora nacional, aberto franquias, sido coordenadora de cursos de pós-graduação, dado aulas para mais de cinquenta turmas de MBA, mas, por questões internas, as coisas não iam bem. Alguns setores não entendiam como metade do organograma da empresa estava sob minha responsabilidade.

Diante de questionamentos e burburinhos, as áreas que eu comandava, comercial e marketing, passaram a se desentender com o financeiro. E acho que você já deve ter ouvido quanto esses departamentos naturalmente não se entendem muito, não é mesmo?

Brigas começaram a surgir, reuniões se tornavam cada vez mais tensas e, mesmo duplicando metas, o clima só piorava.

Naquela época, eu estava com 27, quase 28, era jovem e sem papas na língua — algo que, se fosse diferente, poderia ter me ajudado a conduzir a situação com mais jogo de cintura.

Tudo nessa vida tem seu momento para acabar.

Então, mesmo depois de ouvir do próprio dono da empresa que eu havia sido uma divisora de águas ali dentro (o meu grande propósito, desde aquela conversa com o meu tio), vi que tinha chegado a hora de apostar em novos caminhos.

Após seis anos na faculdade, o conhecimento acumulado sobre o ramo era enorme. Ajudara o negócio a crescer, multiplicando de tamanho. Como poderia, então, fazer algo similar em benefício próprio?

Alguns concorrentes chegaram a me procurar, mas eu não queria jogar contra a companhia onde tinha alcançado tantas vitórias.

Foi quando decidi continuar na área da educação, mas apostando em cursos de curta duração.

O jogo era diferente, com mais trabalho e menos lucratividade, porém resolvi tentar. *Se já fiz uma vez, posso fazer de novo*, pensei. E havia conseguido tudo isso pelas próprias mãos, porque venho de uma família muito pobre, que nunca teve dinheiro no banco.

Fui cheia de garra, achando que daria certo. Entretanto, como acontece com boa parte dos empreendedores, as coisas começaram difíceis. Eu tinha menos poder de marketing e menor tempo de mercado que os competidores.

Para piorar, acabei descobrindo uma "espiã" entre o meu time de colaboradores. Sim, isso mesmo. Havia contratado uma antiga colega que sempre gerava resultados, mas que agora estava "travada" e não vendia nada. Achei estranho, me perguntei o que estaria acontecendo. Depois de meses percebi o que ela estava fazendo: levando minha estratégia até os concorrentes. Nossa, que duro golpe...

Se a situação não estava lá muito boa, ficou ainda pior. Várias vezes pensei em desistir. Ao sair da faculdade, tinha mais de R$ 1 milhão em reserva, mas fui patinando tanto que estava prestes a perder tudo. Acontece que sou persistente e ainda fiquei mais um ano no ramo. É porque ainda não peguei o jeito, deixa eu aprender, estudar, tentar mais uma vez, eu pensava.

Eu acreditava que poderia ser o mercado, a política. Demorei para ver que aquilo não era para mim. Foi aí que veio mais um desacerto — entendeu por que eu sempre digo que é necessário persistência?

Resolvi apostar na modalidade on-line e contratei uma agência para preparar um curso meu.

Tinha vastos conhecimentos em produtividade, então por que não focar isso? Paguei R$ 50 mil e nunca recebi o trabalho pronto.

Os sócios brigaram, sumiram e, junto com eles, foi também o meu dinheiro. Não fizemos sequer o lançamento.

Na época, eu já possuía o Instituto Deândhela e ministrava palestras. Então resolvi investir em ambos. Sabia que poderia fazer, e acreditar em mim, estar com a autoestima em ordem, apesar de todos os percalços, foi uma das peças fundamentais para que conseguisse. Lembrei-me do meu propósito e vi que gostaria de continuar desenvolvendo pessoas.

Além disso, não queria voltar a ser funcionária. Havia recebido vários convites para trabalhar ganhando bem. Um deles que me pagaria R$ 15 mil fixos mais uma comissão, o que ultrapassaria, com facilidade, os R$ 50 mil que recebia antes.

Para ficar ainda mais atraente, a oferta previa que eu trabalhasse de dois a três dias para que, nos demais, pudesse continuar desenvolvendo o meu instituto, algo que eles sabiam que eu não abriria mão.

Entrou aí a questão da priorização. Mesmo tentada, vi que não daria certo. Falo muito que pessoas de sucesso são aquelas capazes de dizer não para as propostas tentadoras. E essa era uma proposta muito tentadora. Eu precisava ser forte para negá-la, afinal, se dedicasse apenas metade do tempo à minha empresa, o crescimento seria pela metade.

Com trabalho duro, as oportunidades foram aparecendo e consegui entrar de vez no mercado digital com meus cursos, agora de maneira adequada. Lapidei os métodos que criei, fui me tornando conhecida e minhas palestras se tornaram mais requisitadas.

Palestrei em uma conferência em Harvard e em eventos em Orlando, Miami, Boston e Londres. Lançando meu primeiro livro, fui matéria nas revistas *Exame* e *Você S/A*.

Montei um escritório em Connecticut, nos Estados Unidos. Uma antiga *coach* e amiga se transformou em minha representante – o que ajudou a abrir as portas para que eu lançasse minha obra lá fora. Tudo isso com muito mais esforço e suor do que sou capaz de expressar nestas páginas.

Nada foi por acaso, foi tudo pensado, criado e trabalhado. Por isso, digo mais uma vez: acredite em você.

Lapide a autoestima, a confiança, o amor-próprio. Sem isso, eu teria desistido nas primeiras dificuldades e hoje não estaria dedicada a fazer minha empresa crescer, a ensinar meus alunos, a palestrar pelo Brasil afora.

Se não tivesse certeza do potencial, da minha capacidade, nem estaria aqui escrevendo e contando todas essas histórias.

Caso ainda tenha dificuldade com essas questões, vá trabalhando aos poucos. Foque o que você tem de bom. E, nos momentos de desânimo, lembre-se das descobertas de Amy Cuddy e Dana Carney: aposte nas poses de poder.

Você vai gastar apenas alguns minutinhos, que, no final, poderão mudar o seu dia – e a sua vida.

O PODER DA ALTA PERFORMANCE

P ara alcançar verdadeiramente a nova produtividade, você precisa ainda do quarto P: a performance. Já abordamos outros três – a prioridade, a personalização e a proteção da mente. Mas não há como fazer o tempo enriquecer você, aumentando os ganhos financeiros e ajudando a ter mais resultados, sem alcançar esse último quadrante do Mapa da Realização.

Quer uma prova?

Observe os profissionais bem-sucedidos à sua volta, de vários segmentos. A discrepância de salário entre aqueles que estão no meio da multidão é gigantesca. Esse é um resultado da alta performance.

Não sei se você já refletiu sobre isso. Existem dentistas que cobram R$ 80,00 por uma avaliação. Já outros colegas de atividade chegam a cobrar R$ 580,00 pelo mesmo atendimento. As pessoas pagam o valor porque esse último é uma referência. O nível de confiança aumenta muito.

Recentemente, conversava com uma psicóloga que me disse que sua consulta custava R$ 300,00, enquanto suas colegas recebiam uma média de R$ 18,00 ao atender em parceria com planos de saúde.

Não é inconcebível que alguém estude tanto, se especialize e receba tão pouco pela hora de trabalho, enquanto outros profissionais consiga tantas vezes mais?

O que justifica tudo isso?

Foi a reflexão que me fez pesquisar bastante e chegar ao P de performance. Se você é uma pessoa com alto desempenho, provavelmente poderá ganhar muito mais dinheiro.

A afirmação não depende do segmento. Se você é médico, empresário, professor, *coach* ou palestrante, vale para todos, afinal, em cada segmento existem profissionais que lucram pouco e estão desesperados por clientes, enquanto outros têm rendimentos bem maiores e fila de espera.

A realidade é explicada pelos resultados que geram. Lembro-me de uma vez em que estava com problemas no computador e chamei um técnico de informática, que ficou o dia inteiro na máquina e nada resolveu.

Liguei para outro, que era sênior, o mais caro, e pedi ajuda. Ele foi me atender. Em cinco minutos, encontrou a solução. Não à toa, era mais bem pago, visto que em pouquíssimo tempo conseguiu gerar um resultado que outra pessoa não foi capaz em um dia inteiro.

No mundo dos esportes, podemos perceber essas diferenças com mais clareza. Vemos "fenômenos" que ganham rios de dinheiro e são disputados, enquanto outros permanecem ralando em busca de reconhecimento.

O que esses atletas do primeiro grupo fazem?

Vamos avaliar o caso do Ayrton Senna. Você sabia que, sempre que começava a chover, não importava o que estivesse fazendo, ele pegava o carro e ia treinar? A chuva era o diferencial competitivo do eterno ídolo brasileiro do automobilismo, e todo mundo sabia disso.

No entanto, Senna não nasceu piloto especializado em solo úmido. O fator que contava a favor dele nas pistas era decorrente da dedicação e do esforço. Quantos desportistas treinam diariamente para se tornarem fenômenos? E você, quanto tem treinado para atingir a alta performance?

Quando converso sobre isso com algumas pessoas, costumeiramente ouço o seguinte: "De que adianta ganhar mais horas por dia e estudar sobre produtividade, se não vou conseguir aumentar meu salário?"

Esse tipo de pensamento não passa de ledo engano, pois um profissional com alto rendimento é capaz de alçar voos bem mais altos. E, se a empresa onde ele estiver não o valorizar, com certeza outros o farão.

Falando como empresária, posso dizer algo certeiro aqui: quando o empresário encontra alguém que consegue gerar resultados, esse colaborador não só paga o próprio salário como dá lucro – e, por isso, não justifica que a organização não queira dar aumento ou promovê-lo, até porque o empresário vai ganhar mais dinheiro com ele.

Certa vez, tentava ser contratada para o cargo de vendedora e o dono do local perguntou por que deveria me contratar. Ainda me lembro da resposta que dei: "Tenho muita vontade de crescer, de fazer a diferença, e sei que, para crescer, eu vou ter que fazer você crescer. Então, vou realizar os meus sonhos de carreira e, automaticamente, você vai realizar os seus grandes sonhos também!".

Essa conversa me fez ser contratada. Depois de um tempo, fui promovida e treinava com a minha equipe todos os dias. Outros funcionários e até os próprios proprietários estranhavam e achavam que não conseguiríamos vender mais nada, uma vez que estávamos "sempre reunidos".

A verdade é que aqueles eram momentos de treinamento e, quanto mais eu ficava "em reunião", como pensavam, mais o grupo vendia, chegando a triplicar os resultados, mesmo trabalhando menos.

A matemática da produtividade prevê gastar menos energia e conseguir mais resultados.

Fazíamos simulados de venda, encenávamos situações com clientes. Aos poucos, lapidávamos os vendedores. Prova disso é que todos eles se tornaram diretores e grandes líderes. A alta performance deles ficou tão grande que todos se transformaram em profissionais bem-sucedidos.

Nunca treinei os que trabalhavam comigo para que fossem eternos vendedores. Tanto que, ao me especializar em hipnose, decidi utilizar as técnicas na empresa, já que elas estimulam a lutar, a querer se desenvolver. Quando comentei o plano com o instrutor, ele disse que eu corria o sério risco de perder o meu time. Sabe o que respondi? "Não me importo. O que eu quero é estar ao lado de pessoas que sonhem alto. Não quero uma equipe mediocre, que fique comigo a vida inteira, porque senão vou ser mediocre a vida inteira também."

Desejo que, assim como eles, você se torne único, porque, em qualquer mercado, vale a lei da oferta e demanda. É mais ou menos assim: se há muita oferta, a tendência é que o produto fique mais barato. Ele vira commodity e, aí, por que comprar de você se há alguém na esquina oferecendo pela metade do preço? Em razão da alta performance, que provavelmente muitos concorrentes seus não têm. Esse é o sinal da diferenciação para que você seja exclusivo e não fique à deriva nesse mar de disputa.

Outro ponto da alta performance é que, se você gera resultado, seja para os clientes, seja para os fornecedores, seja para a organização em si, será inevitável que cresça e seja disputado.

Faço só uma ressalva: muito trabalhador costuma pensar que a empresa precisa se tornar dependente dele, e essa não é uma verdade porque, se for assim, você nunca vai encontrar espaço para progredir.

Se essa suposta dependência é tão grande que a pessoa não pode nem tirar férias, por exemplo, como poderá ser promovida, já que não há ninguém preparado para o serviço que você faz hoje? É necessário esse desapego também, que se saiba delegar e ensinar aos colegas.

Você precisa ter a percepção de que o que vai garantir seu trabalho é essa busca constante e incessante por conhecimento, por novas técnicas; isso, sim, vai levá-lo a ser mais valorizado.

O hábito de centralizar tudo para que ninguém tome o seu lugar está ultrapassado e não serve mais na era da inovação em que vivemos.

Claro que, para alcançar alta performance, deve-se dominar a área de atuação. Seja você auditor fiscal, advogado, médico ou empresário, com certeza deve ter competência no exercício profissional. Contudo, excelência não é suficiente e outros dois aspectos são fundamentais: comunicação e persuasão.

Sem saber negociar, articular, vender sua ideia, imagem e serviço, independentemente de ser ou não vendedor, você não conseguirá se destacar.

Imagine que você é líder e precisa apresentar um projeto durante uma reunião, só que, chegando lá, não sabe se comunicar. Assim, a apresentação não dará certo. Portanto, pense e trabalhe nisso. E lembre-se: para ter alto desempenho, você necessita daquele CHA da competência. Não sabe o que é?

Um profissional competente precisa ter o CHA: C de conhecimento, com muitos cursos e leituras no currículo; H de habilidade, por meio de treinamento; e A de atitude, isto é, ousadia, a proatividade de fazer acontecer.

Em alguns casos, fala-se em CHAR com o R de resultados – ou seja, você também precisa gerar frutos e ganhos.

DESCUBRA SEU CHA

Acredito que a importância da alta performance tenha ficado clara, certo? Mas, e agora, o que acontece na prática?

Você se aperfeiçoa cada vez mais.

Recebo comentários de gente dizendo que tem tarefas demais a fazer, que está sobrecarregada de trabalho e, por isso, não sobra um espacinho na agenda para estudar, treinar, ler um livro que seja.

Você já passou por isso ou conhece alguém assim? Saiba que é uma grande ilusão.

Pensar que o ato de trabalhar muito, horas e horas diárias de segunda a segunda, vai nos trazer resultado é falácia e representa um dos maiores enganos cometidos por muitas pessoas.

Vamos pegar como modelo uma garçonete que atua em dois empregos, trabalhando até a madrugada. Isso vai fazer com que ela cresça, evolua, vai levar a hora de trabalho dela a ser mais valiosa?

A resposta é que provavelmente não, a não ser em raros casos, em que a pessoa é visionária, busca aprender observando ao redor. Em geral, esse tipo de mentalidade vai deixando o cérebro atrofiado. A profissional passa a estudar cada vez menos, convive com outros trabalhadores que também não tem o desejo de progredir. O referencial fica baixo.

O que fazer em casos como o da garçonete, se ela possuir somente tais condições de trabalho?

A princípio, precisa ler nos intervalos, buscar cursos gratuitos para fazer. Depois que conseguir juntar um pouco de dinheiro, deve colocar como prioridade investir em desenvolvimento pessoal.

Quantas vezes, lá no início da minha carreira, não estudei dentro do ônibus, treinando e revisando conteúdos? Quem tem vontade de crescer constrói o próprio tempo a partir disso.

A prioridade e o propósito, estabelecidos lá no começo, serão a motivação, o combustível para se alimentar de conhecimentos agregadores que façam progredir.

Citei o caso da garçonete porque, em 2017, ao fazer uma turnê de lançamento do meu primeiro livro em Miami, Orlando, Boston e Londres, palestrei para brasileiros que moram nessas cidades. E algo que me marcou foi o seguinte: alguns, que foram para ocupar as vagas dos eventos, estão fora do Brasil há mais de dez anos, ao lado das melhores universidades do mundo, e não se abastecem dessa sabedoria tão próxima.

Muitas vezes, as pessoas têm isso ao alcance dos dedos e não aproveitam a oportunidade, talvez por não estarem antenadas ou até por não ter o inglês fluente, mesmo depois de viver tanto tempo em outro país. Isso, inclusive, não pode ser desculpa.

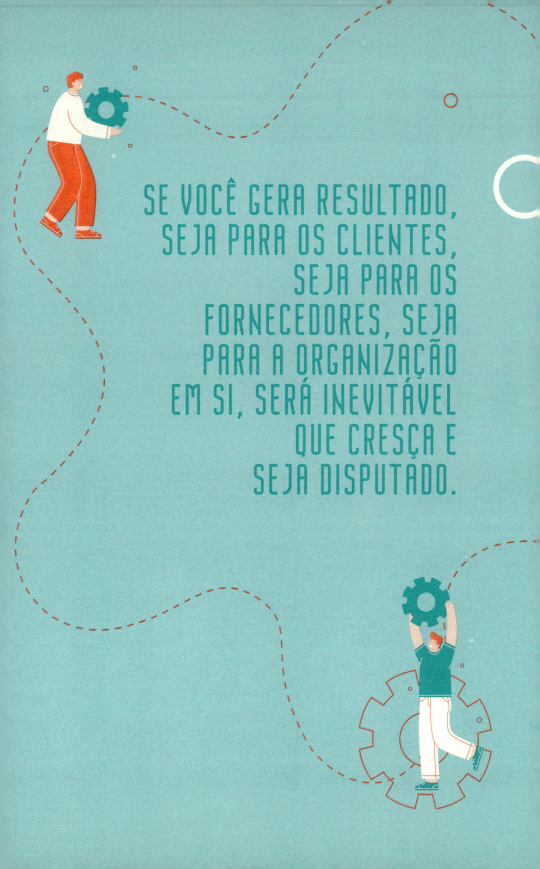

Apesar de também estar dedicada ao aprendizado do idioma, não falava inglês com fluência quando estive por lá, mas sempre criei planos B e C para estudar nesses locais – como o consórcio entre amigos, que facilitava a contratação de uma tradutora para ajudar nas aulas. Isso fez com que a minha carreira desse um salto.

Sem desenvolver a alta performance, atrofia-se a habilidade de crescer, e trabalhar muito sem técnica certa é perda de tempo.

Talvez você não precise fazer um MBA ou um mestrado, mas deve estudar todos os dias, nem que seja pela leitura de um livro ou acompanhando a aula on-line de um curso técnico. O que você precisa é desenvolver suas habilidades, expandir o *mindset*.

Falo por experiência própria: ao longo da minha trajetória, investi mais de R$ 500 mil em capacitações. Sei que parece loucura, que seria o valor de um apartamento, um carro, mas posso dizer que valeu a pena. Sempre comento que podem roubar seu carro, seu apartamento e tirar tudo de você, mas aquele conhecimento que possibilita reconstruir a vida quantas vezes for preciso ninguém consegue tomar.

Além do mais, esse tipo de conquista ajuda bastante na autoestima e, com ela em dia, aumentamos naturalmente a produtividade. Nos dias em que estou desanimada, e esse é um conselho que dou, leio um livro e isso me inspira, me abastece de energia.

São as mudanças internas que geram transformações externas. Já contei que, na época em que trabalhava feito louca na área de vendas e não tinha resultado algum, adotei o hábito de estudar. Montei um plano de estudo de quinze minutos por dia, antes de dormir. Pode soar pouco, mas, se você colocar metas muito grandes, começa a autossabotagem. Sugiro, então, começar pelas "pequenas". Veja o jeito que funciona para você e inicie. Até porque quinze minutos diários representam mais de 90 horas de conhecimento absorvido por ano. Veja que conta simples e transformacional:

15 minutos x 365 dias / 60 minutos = 90 horas/ano

No meu plano de estudos, além de leituras todas as noites e de ouvir audiolivros ou *podcasts*, escolhi conviver com pessoas que me inspiravam, que elevavam meu nível intelectual. O palestrante motivacional Jim Rohn costumava falar que "você é a média das cinco pessoas com quem mais convive".

Temos que saber com quem conviver – e precisamos ser os mais "burros da mesa" para que isso nos motive a ler, estudar e acelerar, até chegar ao nível dos demais.

Esse é um ponto-chave para sair da zona de conforto. É o C do CHA.

É justamente a busca por nos educarmos que nos leva mais longe. O visionário empreendedor Elon Musk, que já enviou um veículo para o espaço e tem como missão habitar Marte, lê muito desde os 10 anos. Na biografia dele, você descobre que, quando criança, ele passava horas e horas estudando. O mesmo é válido para outros grandes nomes. Se chegaram a se graduar ou não, se fizeram MBA ou não, todos eles estudaram. Há uma frase de Einstein que fala que "uma mente expandida nunca volta ao seu tamanho original". Essa é a ideia.

Já o H, a habilidade, vem com treino prático. Logo no início, eu treinava técnicas de venda com minha mãe, tia ou amigos. Perceber a objeção deles, até que ponto estava sendo "chata", qual seria o melhor argumento, a entonação da voz, tudo isso me auxiliava a saber como agir com os clientes reais.

Treinava sozinha, na frente do espelho. Hoje, treino minha equipe várias vezes até mesmo sobre a maneira de atender o telefone – quero entusiasmo, um "sorriso na voz".

Contudo, não se engane: o treinamento deve ser intenso e constante. Não é treinar de vez em quando ou uma vez na vida, nem fazer um curso ou ler um livro esporadicamente.

Você se lembra de quando falei sobre o treinamento da minha equipe enquanto eu trabalhava na faculdade? Quando fui gerente e diretora comercial, fiz um verdadeiro planejamento de estudos para todo o grupo, começando por um diagnóstico das nossas falhas. Logo, o resultado não "caiu do céu".

Tenha clareza para refletir acerca do que poderia ser melhorado na performance, de modo que alcance resultados ainda melhores e seja mais eficaz.

Veja quais são as atribuições, competências, habilidades e atitudes que seriam interessantes desenvolver ou aperfeiçoar para se destacar no ambiente profissional ou fazer seu negócio prosperar ainda mais. Anote tudo o que vier à cabeça.

Agora, um detalhe da produtividade que deve ser considerado: você precisa fazer uma coisa de cada vez. Mesmo que identifique no seu plano a necessidade de desenvolver competências nas áreas de comunicação, vendas, enfermagem, atendimento ou seja lá o que for, de acordo com a sua profissão, só é viável estudar e treinar uma a cada momento.

É necessário interiorizar os conhecimentos. Infelizmente, não basta ler sobre determinada tarefa para saber executá-la com maestria e excelência. É preciso persistência e dedicação. O fato é que não existe outro caminho para a alta performance além do treinamento constante.

Se você julga esse hábito árduo e custoso demais, voltemos ao exemplo dos atletas. Em seu livro *Transformando suor em ouro*,[25] o ex-técnico da seleção brasileira de vôlei, Bernardinho conta como cada treino da seleção feminina era mais pesado que os próprios jogos.

Era o diferencial que levava o time brasileiro a jogar com alta performance e ganhar a maioria dos jogos.

Treinar arduamente era decisivo para garantir o resultado. A máxima vale para mim, para você e para todo mundo.

---

25 BERNARDINHO. **Transformando suor em ouro**. Rio de Janeiro: Sextante, 2011.

Ainda falando sobre o universo esportivo, certa vez assisti a um documentário que falava sobre uma jogadora de futebol.[26] Ao fim de uma preparação, o técnico percebeu que, enquanto todas as outras tinham ido embora, ela continuava lá, treinando e treinando. A atleta fazia um exercício exaustivo, durante o qual a pessoa anda entre cones e provoca explosões físicas.

Ele a observou por um tempo sem que a atleta percebesse sua presença. Quando a jogadora parou, estava tão exausta que mal ficava em pé. No outro dia, o professor escreveu um bilhete – e eu nunca me esqueci dele: "Para mim, a imagem de um campeão é a de alguém encharcado de suor, em ponto de exaustão, mesmo quando ninguém está olhando."

Ele estava certo. Para mim, esse é o maior segredo dos profissionais de destaque: todos treinaram muito e praticaram ainda mais.

"Ah, mas a pessoa tem talento", muitos costumam rebater. Já falamos sobre isso, e o que posso acrescentar é que já vi esforço ultrapassar talento. Agora, se alguém tem talento e dedicação em prol do esforço, além de treinar para se aprimorar, logo se tornará imbatível.

Esta é a ideia: se você é talentoso em algo, invista e treine, aperfeiçoe-se ainda mais no que é bom, porque, dessa forma, será uma grande referência na sua área.

Por isso, voltando ao primeiro P, o da prioridade, que tratamos no início do livro, se eu perguntasse qual a única coisa que você poderia fazer hoje para que seu dia valesse a pena, o que diria?

Minha resposta seria treinamento. A partir de agora, pense em utilizar o tempo que gasta vendo novela ou jornal, por exemplo, para estudar; até porque, o que isso agregou em sua vida? O jornal, a novela ou as séries o levaram a ser promovido, fizeram sua empresa se destacar? Posso apostar que não.

---

26 Franklin Covey Brasil – Documentário disponibilizado exclusivamente para alunos da turma de novembro de 2011.

Sei que o início dessa jornada para desenvolver a performance não é fácil. De fato, é um trabalho árduo mesmo. Costumo dizer que não é para qualquer um, mas somente para aqueles que estão realmente dispostos a deixar um legado.

São essas as pessoas capazes de ter a disciplina necessária. Uma boa notícia, porém, é que a alta produtividade vicia e é prazerosa, porque, quando surgem os ganhos, eles liberam adrenalina pelo corpo. O processo químico ajuda a criar um hábito, que passa a ser natural. E o dia que não ler um livro ou não fizer um curso, vai sentir falta dessas atividades, porque alimentam a mente e a alma. Além disso, apesar de requerer mais energia no começo, quando o planejamento se torna um costume, você precisa apenas de manutenções e reciclagens no processo.

Só o início exige um empurrão maior para que, depois, chegue ao sucesso certeiro. E, convenhamos, quem não daria conta de um empurrãozinho até a roda dos sonhos e da abundância?

CONSTRUINDO UMA AGENDA EFICAZ

Depois de todos esses passos que você deu até agora, chegou a hora de aprender a construir uma agenda eficaz, o momento de juntar tudo o que foi dito até aqui para elaborar um planejamento de compromissos que funcione.

No começo, pode até parecer mais trabalhoso, porém não desista – algumas ações você precisará fazer só uma vez e, depois, poderá aproveitar os resultados da organização.

Fazendo uma analogia, para que entenda melhor a ideia dessa etapa, comparo o momento à primeira vez que precisei preparar uma mala para uma viagem de negócios, lá no início da minha carreira. Ainda sem saber bem o que colocar nela, gastei quarenta minutos. Eram muitos detalhes com os quais não estava acostumada. Hoje, o processo é completamente diferente, e demoro no máximo de cinco a dez minutos, independentemente de quantos dias passarei longe.

Sabe por quê? Primeiro, pela prática. É tudo questão de habilidade e treino. Mas há um segundo ponto: deixo *kits* preparados para viagens, então preciso só escolher o vestuário e pronto. Essa pequena ação deixa tudo bem mais prático, e é isso o que vai acontecer com relação à sua agenda.

Ao começar do zero, é natural gastar um pouco mais de tempo na elaboração, porém, depois de tudo estruturado, fica mais fácil.

Recorde-se de que esse é um planejamento flexível e pode ser ajustado conforme a necessidade surgir – sem contar que deve ser temporal, uma vez que nossos valores mudam de acordo com as circunstâncias que estamos vivendo –, como ser casado ou solteiro, ter ou não filhos, estar neste ou naquele trabalho etc.

Vejo muita gente reclamar porque precisa fazer ajustes na agenda, mas avaliar o que está ou não funcionando é essencial para que se consiga cumpri-la.

1. DETERMINE SEUS PAPÉIS

Esclarecidas essas questões, podemos começar e, para tanto, você precisa de papel e caneta na mão para escrever quais são as funções que exerce hoje, delimitando cada área ou atividade em que atua e quanto tempo gasta nelas. Isso vale inclusive para atribuições pessoais e familiares. Você é pai ou mãe? É filho? Então, quanto da semana dedica a essas missões? Lembre-se de que, querendo ou não, até o amor exige tempo.

Imagino que deva estar se perguntando agora: "Mas eu preciso determinar tempo para pai, mãe, filho...?" Sim. Toda a nossa vida deve estar na agenda, inclusive os momentos de descanso, lazer e ócio. Se você não quer fazer absolutamente nada em dado período, deixe isso definido.

Bloqueie sua agenda ou, caso contrário, acabarão arrumando compromissos para você. Por não ter deixado esses tópicos estabelecidos, você corre o risco de ser guiado pelo que os outros querem.

A única maneira de assumir o protagonismo é determinar o que deseja fazer em cada minuto da sua vida.

"Nossa, mas é demais, não tenho paciência para preencher esses mínimos detalhes." Caso pense assim, tenha calma, é mais fácil do que imagina. Experimente e, ao final, você vai se questionar por que não aplicou o método antes, pois é fácil, funciona e faz toda a diferença.

Pense nos papéis que ocupa. Faça um *brainstorming* e coloque as funções familiares, pessoais, profissionais, sociais e as espirituais, caso as tenha. Pense em como as exerce e o tempo gasto atualmente em cada uma delas. Anote-o e coloque ao lado quanto gostaria de se dedicar a elas semanalmente, já que o objetivo é montar uma programação semanal.

Um ponto importante: planeje a semana antes de ela começar. Sua agenda será como um GPS, dando a direção para onde quer chegar. Mais uma vez, lembre-se que direção é mais importante que velocidade. Não adianta correr o dia inteiro se estiver indo no sentido oposto.

Cuidado apenas com a quantidade de atribuições que vai colocar. O ideal é de cinco a sete, no máximo.

Não adianta tentar abraçar o mundo, pois, adianto logo, você não vai conseguir. Tive um *coach* que estava com problemas de produtividade justamente por querer agir assim. Ele ficava frustrado e teve que entender que as 24 horas diárias não comportam tudo o que gostaria de fazer. Ele não se achava bom em nada, nenhum projeto avançava e isso o fazia sentir-se esgotado, incompetente. Isso acontece com você? Aprenda de uma vez por todas: não é possível dar conta de tudo.

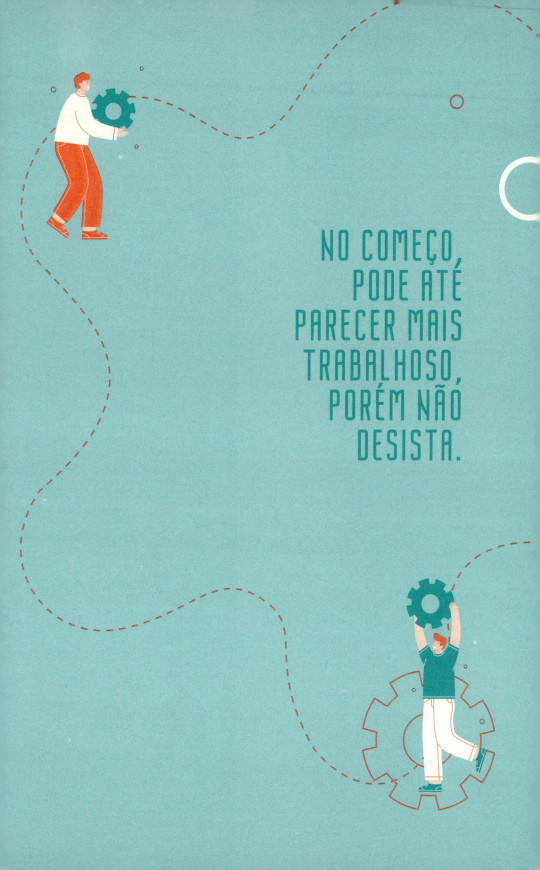

Tive uma assistente com dificuldade semelhante. Combinamos de montar a agenda dela juntas para que eu desse um feedback. Percebi que ela começava a semana cheia de tarefas, que depois iam diminuindo conforme os dias passavam. Analisamos quanto tempo tomava cada uma e, depois de calcular, vimos que ela precisaria de pelo menos 48 horas às segundas-feiras. Se o expediente é de oito horas, dá para avaliar o tamanho da frustração.

É um sofrimento desnecessário porque, antes de tudo, precisamos ser realistas. Tenha em mente o que é mais valioso para você e que, portanto, vai demandar mais do seu tempo. Às vezes, precisamos praticar a renúncia.

Quem me acompanha nas redes sociais sabe que toquei violoncelo por cinco anos. Mas hoje não toco mais, e sabe por quê? Apesar de dar aulas de gestão do tempo, eu não crio tempo. O que posso fazer é estabelecer prioridades que devem estar de acordo com meus valores e objetivos de vida.

Não consigo esticar o tempo e fazer com que um dia tenha 48 horas, então, por mais que adore o som do instrumento que aprendi a tocar, precisei fazer uma reflexão.

Será que eu tinha talento para a música? Honestamente, não. Era esforçada, mas não talentosa. Além disso, tinha a meta de virar musicista, ter uma banda? Também não. Diante de tudo isso, abri mão de tocar. Como já falamos, é necessário fazer escolhas.

Conto tudo isso agora sem nenhuma frustração, mas não significa que você não deva ter um hobby. Pelo contrário: na elaboração da agenda, deve haver espaço para o lazer. Profissionais bem-sucedidos dedicam tempo ao que realmente gostam, pois é isso que vai recompensá-los e motivá-los a continuar seguindo. As recompensas nos deixam até com um humor diferente, e essa é uma das ideias por trás da necessidade de estabelecer os papéis.

2. PENSE EM SUAS ROTINAS

Definida cada uma das funções, vem então o segundo ponto: pensar nas rotinas. Geralmente, estão ligadas aos comportamentos e práticas que precisamos adotar para atingir determinado alvo. Já vimos a importância de definir um propósito de vida e ter clareza sobre ele, aplicando as metas Smart para alcançá-lo. Mas só isso não basta.

É imprescindível estabelecer um plano de ação e, para colher amanhã, precisamos plantar com sabedoria hoje.

Portanto, você precisa saber o que deve fazer, colocar na agenda – e, mais que isso, segui-la. É um compromisso consigo mesmo. Se for necessário, compartilhe sua agenda, cole-a na parede, faça um mural na empresa, em casa, para que todo mundo vigie. Suas rotinas serão criadas a partir de comportamentos repetitivos que, aos poucos, vão levá-lo a ser mais produtivo e, com isso, a ganhar mais dinheiro.

As rotinas devem estar atreladas aos seus objetivos. Por exemplo, se não está entre os objetivos falar francês fluentemente, para que vou ter uma rotina com aulas do idioma?

Isso vai levar à autossabotagem em algum momento, já que algo não está batendo.

As rotinas precisam estar ligadas ao que você quer para a sua vida e, além disso, devem ser prazerosas, para que tenham continuidade.

Há maneiras de se alcançar tal proeza. Uma das minhas metas era emagrecer cinco quilos, mas nunca gostei de musculação. Sempre preferi as caminhadas no parque, porém a violência era um impedimento para que eu as realizasse.

Descobri um recurso que me motiva na esteira da academia: ouvir *podcasts*. Um dos meus favoritos é o *ResumoCast*, que traz resumos de livros, dura cerca de quarenta minutos e, se fico quarenta minutos caminhando, "leio" um livro por dia. É uma maneira de otimizar o tempo e me manter motivada para o que preciso.

Toda mudança no cotidiano é um exercício de persistência. Apesar disso, não desista. Alguns estudos mostram que é fundamental repetir o mesmo comportamento por 21 dias consecutivos, até que se torne um hábito.

Após o período, entramos meio que no piloto automático. Criemos pilotos automáticos do que é bom e saudável, do que vai nos deixar mais próximos dos propósitos. E, diga-se, é muito melhor do que deixar a vida num piloto automático que jamais planejamos...

3. DEFINA OS HORÁRIOS E ESTABELEÇA BLOCOS DE ATIVIDADES

A agenda está ganhando forma e você sabe seus papéis, rotina, objetivos. Conhece também os comportamentos que precisa adotar para alcançá-los.

Chegou a hora de definir os melhores horários. Voltando ao exemplo da academia, antigamente eu malhava das 22h às 23h. Acontece que descobri que isso não é recomendado, uma vez que artigos científicos comprovam que o sono de qualidade, restaurador, começa às 22h.

O ideal, segundo os médicos, é dormir mais cedo e acordar mais cedo. Como eu faria isso, malhando até tarde?

Além de observar seus horários, é bom que analise na agenda se há compromissos semelhantes para que possa juntá-los por blocos de atividades.

Essa é uma grande sacada. Se preciso gravar vários vídeos com minhas aulas, por que não tirar uma tarde ou um dia inteiro para gravar logo dez de uma vez?

Se preciso escrever um artigo, por que não aproveito que estou inspirada e concentrada para redigir três ou quatro num só momento? O difícil é começar. Você fica um pouco travado, mas depois não quer parar.

Estabeleça blocos similares de atividade. Certa vez, resolvi ajudar minha equipe de vendas a montar uma agenda. Como vimos, vendedores costumam ter um perfil mais de influenciador, ou seja, são pessoas diplomáticas, mas com uma pontinha de desorganização e nenhum gosto por rotinas.

Então, o que fizemos para tornar o dia a dia deles mais atrativo foi construir uma programação por blocos com os principais trabalhos — ligar para os clientes, pesquisar novos contatos e buscar parcerias.

Antes da criação da agenda, eles começavam o dia sem saber se respondiam e-mails, criavam propostas, retornavam ligações. Faziam um pouquinho de cada atividade e, no final do turno, não tinham um resultado mensurável. A fim de evitar isso, definimos que pela manhã seriam executadas atividades de concentração e silêncio. Depois, vinham o retorno para os clientes ativos e, na hora do almoço, era liberado o acesso às redes sociais. As tardes eram temáticas, com gincanas. É o princípio de gamificar a vida. A cada dia, tínhamos um jogo ligado às ações que precisávamos executar.

Às quartas-feiras, por exemplo, fazíamos visitas. Dependendo da sua área, se for um comprador, você pode estabelecer quando receber as visitas.

Durante a consultoria que apliquei em uma clínica, orientei os médicos a receber representantes de medicamentos em apenas um dia. Antes, eram recebidos em qualquer dia e horário, o que bagunçava os atendimentos e diminuía a produtividade. Antes disso, quem estava gerenciando a agenda do local eram os outros, a partir dos interesses deles. Entende a diferença?

4. DEIXE MARGENS DE SEGURANÇA

Outra ideia fundamental para construir sua agenda é deixar margens. Sabemos que imprevistos acontecem, e, por mais que criemos planos de prevenção e nos esforcemos para minimizar falhas, novos acasos surgirão. Para evitar que as eventualidades desorganizem sua programação, nunca coloque as atividades uma logo após a outra, pois, se algo atrasar cinco minutos, vai gerar um efeito dominó gigantesco. Se o seu expediente é de oito horas, planeje quatro ou seis e, se sobrar tempo, antecipe o dia seguinte. A vitória será ainda maior.

É imprescindível pensar nessas margens de segurança. Se eu sei que vou demorar quinze minutos para me deslocar a uma reunião, me programo para trinta – e, se chegar antes, posso aproveitar para ler um livro ou responder conversas no WhatsApp.

É sempre melhor chegar antes e esperar. Além do mais, criando o hábito, você se torna mais pontual, transmite maior credibilidade e fica menos esgotado, ansioso e nervoso.

Com tempo sobrando, trânsito não é um problema tão grande, situações alheias à vontade não estressam tanto e a vida vai ficando mais fácil.

Esses espaços em branco servem ainda para que inclua suas Metas Crucialmente Importantes (MCI). São três metas que devem ser estabelecidas por semana, das quais vão sair várias tarefas, que devem ir se encaixando na agenda, identificando horários e em quais blocos devem entrar.

Se você está pensando com que tempo vai construir isso tudo e nesse formato, com tanto passo a passo, saiba que será na reunião consigo mesmo.

Temos reuniões com chefe, equipe, cliente, fornecedor. Em todas, nos desconectamos do mundo ao redor, então por que não fazer a mesma coisa por nós? E o detalhe: é uma reunião com pauta definida, na qual você não pode ser interrompido.

De preferência esteja em um lugar tranquilo, tranque a porta. Nesse momento, você vai não só montar a agenda como também rever compromissos, escolher suas MCI para a próxima semana, avaliar se cumpriu as da semana anterior.

Veja o que há de novidade fora da rotina, quais são os projetos novos. Defina tudo isso, passe para a agenda e verá como a performance vai aumentar. Seus dias passarão a ser bem mais produtivos...

Com o tempo, você vai perceber que realmente fica mais fácil. Estabelecidas as rotinas, basta segui-las – a não ser que mude algum valor ou papel em sua vida. E mais uma dica: comemore as vitórias, ponto-chave da produtividade.

Cumpriu a programação do dia, bateu uma meta? Celebre, pois as conquistas liberam dopamina no cérebro e estimulam a alegria, o prazer, o bem-estar e a saúde, ajudando a mantê-lo ainda mais na rota determinada.

FERRAMENTAS DE PRODUTIVIDADE

Ao longo de todo o livro, diversas metodologias e ferramentas entraram em cena. Cada uma tem o papel exclusivo de ajudar a ser mais produtivo.

Agora, vamos relembrar algumas e conhecer novas, possibilitando que personalize seus sistemas para que consiga realmente atingir a nova produtividade.

De nada adianta técnicas engessadas, que não podem se adaptar à sua realidade. As possibilidades são muitas e extraordinárias, então leia a lista com atenção e escolha os aplicativos e métodos que melhor funcionem para o seu perfil e que possam solucionar seus problemas – faça isso tendo em mente seu objetivo principal de vida. Vamos a eles:

TRELLO

Lançado em 2011, o Trello é uma ferramenta on-line de gerenciamento das tarefas do dia a dia. Ao permitir que isso seja feito por meio de listas e ao reunir tudo em uma só plataforma, não à toa esse aplicativo é um dos mais populares do mundo quando o assunto é gestão de projetos. Nele, você consegue organizar e-mails, planilhas, notas e fluxos de trabalho e compartilhar a administração com diversos colaboradores – tanto no desktop quanto no celular. Quando uma tarefa é completada, ela pode ser retirada da lista, o que permite acompanhamento efetivo do que realmente tem sido feito e do que está atrasado.

ASANA

Apesar de não ser tão intuitivo quanto o Trello, o Asana tem mais funcionalidades, principalmente no plano pago. É possível, por exemplo, controlar prioridades entre as tarefas, definir metas e determinar o acesso a arquivos, além de possuir uma função de chat que facilita as interações entre os colaboradores.

MICROSOFT PROJECT

O software facilita a criação de cronogramas e o gerenciamento de fases de um projeto, de forma independente. É possível fazer uma modificação em determinada fase do *workflow*, em que todos os envolvidos serão afetados. Entre os maiores benefícios, destaque para o planejamento do escopo, a previsão de riscos, o monitoramento dos gastos, a definição do nivel hierárquico das tarefas e a elaboração de relatórios.

GANTTER.COM

O Gantter também é uma plataforma de gerenciamento de projetos. O aplicativo é barato, on-line, integrado ao Google e, como o próprio nome sugere, utiliza a metodologia do gráfico de Gantt. Ele ajuda a montar o organograma de todas as etapas de um projeto, bem como o tempo utilizado em cada uma delas e o prazo para finalização. Muito indicado para quem pensa e trabalha de forma mais visual.

SLACK

O Slack é um software que funciona em desktop e aplicativos para celulares, com o objetivo de tornar a comunicação da empresa mais fácil e menos burocrática. No lugar de e-mails, são enviadas mensagens instantâneas. Assim, é possível ganhar tempo e evitar a superlotação da caixa de entrada para tratar de assuntos que podem ser resolvidos rapidamente. Ele ainda permite a criação de grupos específicos, além da integração com o Google Calendar.

STAYFOCUSD

O StayFocusd é ideal para combater um dos maiores ladrões do tempo da década: redes sociais. Com ele, você limita o acesso às páginas que atrapalham, e faz isso de uma maneira totalmente personalizável, definindo qual site deve ser bloqueado, por quanto tempo pode navegar e durante quanto tempo vai ficar inacessível.

POMODORO

Já falamos sobre esse método no capítulo sobre os erros da produtividade, mas o trabalho com ele é tão prazeroso que vale uma explicação passo a passo.

- Liste todas as tarefas que precisa fazer.
- Defina a ordem de prioridades.
- Determine períodos de trabalho ininterruptos (entre 25 e 45 minutos, no máximo).
- Tire cinco minutos de descanso.
- A cada quatro ciclos de trabalho, faça uma pausa de quinze minutos.

A técnica é muito interessante por trabalhar o poder do foco e da concentração e a competição consigo mesmo.

MOMENTO DE SILÊNCIO

Abordamos nas páginas anteriores e vale reiterar. Ao trabalhar em um time, é fundamental que todos estejam de acordo com o momento do silêncio.

No Instituto Deândhela, determinamos dois períodos: um pela manhã e outro à tarde. A regra é simples: nesse momento ninguém conversa.

Obviamente, se o trabalho a ser executado for realizado em equipe, é possível conversarmos; e, evidentemente, se houver um assunto a ser resolvido com urgência, trataremos de solucioná-lo. O objetivo é não interromper uns aos outros pelo maior tempo possível.

"NÃO PERTURBE!"

É o método dos rodízios de churrascaria. Neles, plaquinhas de cores verde e vermelha – ou alguma outra espécie de mensagem que tenha o mesmo significado e seja de fácil compreensão – indicam ao garçom se você quer ou não ser servido. Pegando daí a inspiração, você pode implantar a metodologia em seu escritório. Usando um sinal visual que facilite a comunicação, explique aos colegas que precisa se concentrar e não deve ser interrompido de forma alguma. Aproveite a paz que se seguirá para trabalhar tranquilamente.

TOGGL

O Toggl é um aplicativo de rastreamento de tempo e, ao se cadastrar na plataforma, é possível designar uma ação e acionar o cronômetro, que contabilizará quanto tempo gastou para realizá-la. É possível pausar e retomar a contagem durante a execução e, dessa maneira, fica fácil monitorar o tempo real gasto em cada tarefa.

Além disso, facilita selecionar clientes, projetos e até times para ter real noção de quanto se dedicou a cada trabalho. O Toggl é fundamental para pessoas que cobram serviços por horas trabalhadas, já que, com o relatório que a plataforma oferece, consegue demonstrar dados ao cliente.

MOBILLS

É uma ferramenta de educação financeira. Nela, você pode gerenciar despesas por geolocalização, sincronizar na nuvem para usar mais de um dispositivo e acumular pontos do programa Multiplus.

Centralizando todas as contas, despesas, receitas, cartões, empréstimos e orçamentos em um só lugar, você controla seus gastos de maneira mais simples.

Caso goste de ter um backup ou imprimir essas informações, é possível exportar relatórios em formatos PDF, Excel e CSV.

SPENDEE

Para aqueles mais visuais, que apreciam um bom design, o Spendee é a opção mais certeira. O aplicativo mostra gráficos dos gastos e ainda oferece recursos como anotações de despesas em diferentes moedas, que simplificam o controle do orçamento. Não é necessário ter conta como usuário e você pode conectar contas bancárias ou rastrear gastos manualmente.

GUIA BOLSO

O aplicativo faz o link com a conta bancária e cartão de crédito, facilitando a administração das finanças. Ele compara seu índice financeiro ao de pessoas que têm perfil similar ao seu. Dá para confrontar taxas e contratar empréstimos dentro do próprio aplicativo, que usa os mesmos sistemas de criptografia empregados pelos bancos para proteger os dados dos usuários, o que o torna bastante seguro.

QUICKBOOKS ZEROPAPER

Gratuito, o Quickbooks auxilia na organização da gestão financeira de uma empresa. O objetivo é ganhar tempo em uma das etapas mais complicadas da administração de um negócio: aquela que envolve números, prestação de contas e exige muita concentração. O sistema, que mostra receitas e despesas divididas em categorias como moradia, restaurantes, compras, viagens e salário, é considerado intuitivo e apresenta relatórios de fácil compreensão, o que permite acompanhamento da situação de maneira otimizada, liberando tempo para cumprir outras atividades.

SCANNABLE

Muito prático, o aplicativo digitaliza documentos usando seu iPhone e faz upload para o seu Evernote, iCloud, Google Drive, e-mail ou qualquer aplicativo. Uma dica: o documento deve ter cor diferente do fundo para o aplicativo identificar onde terminam as dimensões da página.

EVERNOTE

O Evernote é como um caderninho virtual no qual você pode tomar nota de tudo o que for importante. É possível criar cadernos e pilhas de cadernos, marcar as notas com *tags*, salvar favoritos, guardar artigos da internet para ler depois, compartilhar arquivos, anexar imagens, fazer listas e uma série de outras funcionalidades que facilitam as tarefas do dia a dia.

O melhor é que a interface dele é completamente intuitiva no computador e no aplicativo, e os dados são sincronizados de maneira automática quando há acesso à internet.

GOOGLE DRIVE

A ferramenta surgiu para facilitar a vida dos usuários. Ela permite compartilhamento de arquivos, backup em nuvem, edição e atualização dos documentos em tempo real e por mais de uma pessoa ao mesmo tempo. Uma verdadeira magia em termos de produtividade e praticidade.

MINDMEISTER

O objetivo do MindMeister é facilitar o processo de quem gosta de trabalhar com mapas mentais. O aplicativo elabora seus mapas com um arrastar de elementos, sendo prático, rápido e fácil.

UNROLL.ME

O Unroll.me é aquela ferramenta que pode revolucionar o cotidiano de verdade. Provavelmente, hoje você está cadastrado em umas cinquenta listas de e-mails. Todos os dias, sua caixa recebe pelo menos três mensagens de promoção de produtos e serviços que nem sequer lhe interessam. Então, se você acha cansativo se descadastrar de cada uma delas, o aplicativo faz isso por você.

Agora que você tem acesso a essas ferramentas, escolha sabiamente as que vai usar. Primeiro, lembre-se de que deve ter apenas um sistema para organizar cada área da vida. E, em segundo lugar, esteja ciente de que não vai se adaptar a todos eles – e não há nada de errado nisso. Por mais que você queira, será impossível realmente gostar de todos esses aplicativos, por isso foram dadas tantas opções.

    Antes que parta para a fase de seleção, uma dica valiosa: todos os métodos não ajudarão em nada se você não usá-los. Até porque, como aprendemos ao longo de toda a jornada, mais importante do que a intenção de ser produtivo são as ações que tornam a pessoa efetivamente produtiva. Não despreze isso!

REFLEXÕES FINAIS

HORA DE ARREGAÇAR AS MANGAS E SE ENCONTRAR COM A MÁXIMA PRODUTIVIDADE

Para você que chegou até aqui, parabéns!
Foi mais um passo para se tornar mestre do tempo e isso demonstra o compromisso assumido de melhorar a vida, se tornar uma pessoa mais produtiva, realizada, saudável e feliz.

Você concluiu com sucesso a primeira etapa da jornada e espero que tenha começado a plantar, para que ela já esteja rendendo e continue a render bons frutos.

Ao longo das páginas anteriores, você teve comprovações de como a priorização, a personalização, a proteção da mente e a alta performance transformam realidades. Conheceu *cases* de pessoas que cresceram, prosperaram e multiplicaram. Ainda mergulhou a fundo na minha história e pôde ver a guinada que dei.

Desejo que a minha trajetória sirva de inspiração para que faça o mesmo da sua, ou ainda melhor!

Se eu consegui, se deu certo para mim e para tantos que acompanhei e ensinei, vai dar certo para você. Como vimos, não há fórmulas prontas ou receitas de bolo, mas as técnicas certas e a determinação fazem a coisa toda acontecer.

Aproveite os métodos e as ferramentas para vencer os gargalos que o impedem de prosperar.

Tenha em mente que, se existe comprovação científica ou histórica de todas as práticas, por que não se mostrariam eficazes quando **você** tentar fazer uso delas?

As práticas partilhadas transformaram o dia a dia de muitos, e agora vão transformar o seu. Decidir ser produtivo é o primeiro passo do caminho, mas não o suficiente para alcançar a vitória. É necessário arregaçar as mangas e partir para a ação.

Caso não tenha feito os exercícios indicados em cada capítulo, encontre um momento para você, sente-se com calma e tire-os do papel. Adote a sinalização contra interrupções, experimente o Pomodoro, pratique o momento de silêncio, persiga os ladrões do tempo. Faça os métodos de priorização, preencha o Time Model Canvas, descubra seu perfil, monte sua agenda semanal, estude bastante, treine mais. Quando estiver cansado, persista – estude e treine ainda mais pesado.

Reflita sobre o que vai começar a fazer hoje para alcançar seus sonhos. Pense no acompanhamento diário que deve adotar para não sair da rota. Pergunte-se que comportamentos cultivará para chegar ao topo e aplique-os.

Lembre-se daquela lição valiosa que discutimos e que deve estar guardada em sua mente: só não erra quem não tenta. Portanto, tente, esforce-se, faça o que precisa ser feito.

O conjunto pode tirar você do lugar comum e impulsioná-lo em direção à vida que merece ter.

Se ainda tinha dúvidas sobre sua capacidade de ser produtivo, espero que tenham sido dirimidas ao longo da leitura e que, a partir de agora, seu foco esteja no lugar certo – e nos processos certos. E, se você não conhecia os benefícios da produtividade, que ela possa ter se mostrado útil para a realidade abundante que todos merecemos.

Para encerrar com chave de ouro, deixo uma frase de Benjamin Franklin: "Você ama a vida? Então não desperdice tempo, porque é disso que a vida é feita".

Espero que, com esse aprendizado, possa viver dias solenes e consiga escrever uma história repleta de triunfos, deixando seu legado no mundo. Desejo muito sucesso em sua jornada!

Ah, e nunca se esqueça de que produtividade não é trabalhar mais, e sim aplicar a matemática perfeita de alcançar mais resultados, gastando menos energia. E, se desejar ainda mais conhecimento, vai encontrar uma série de leituras complementares em meu site:

www.institutodeandhela.com.br.

A gente se vê pelo caminho. Por enquanto, fique com um pensamento meu. Até o próximo livro!

Esse livro foi impresso
pela gráfica Loyola em
papel pólen bold 70 g em
julho de 2020.